JN418057

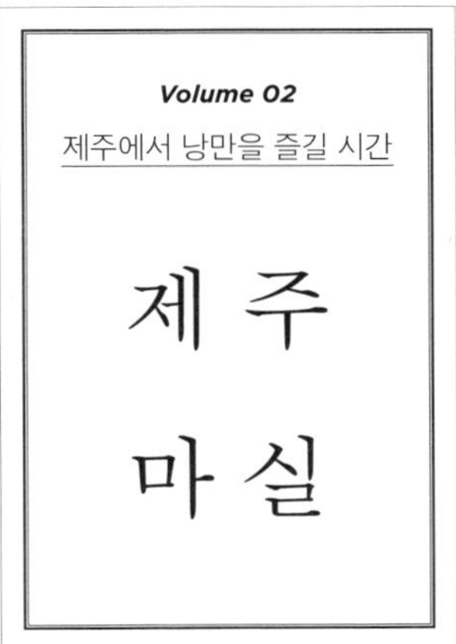

김주미 지음

시공사

제주우유
종달보급소
가정배달
TEL.783-3237
어린이 식품안전보호구역

정아
피아노학원
773-0152

Contents

일러두기

◎ 이 책에 실린 정보는 2017년 7월 말 기준입니다.

◎ 이 책이 출간된 후 내용이 변경될 수 있으니 이용하실 때는 반드시 미리 확인하시기 바랍니다.

◎ 대중교통 정보는 2017년 8월 말 새로 바뀐 버스 노선 정보를 기준으로 표기했습니다.

◎ 관광 명소와 상업 시설의 운영 시간과 정기휴일, 메뉴 가격은 변경될 수 있으니 미리 확인하시기 바랍니다.

◎ 상점과 식당 등의 카드 사용 불가 여부를 별도 표기했으나 현지 상황에 따라 달라질 수 있습니다.

Prologue

제주 한 달 살아보기가 유행이라고 하지만
직장인은 일주일 정도 휴가 내는 것조차 쉽지 않습니다.
일상에 지친 이들에게 2~3일 정도 시간을 내어
제주의 마을을 여행해 볼 것을 제안합니다.

제주에는 하루 안에 동쪽과 서쪽을 오가며
마치 미션 수행하듯 치열하게 돌아보는
여행자들이 많습니다. 하지만 그렇게 스쳐 간 마을에
상상하지 못한 아름다움과 낭만이 있다는 것을
그들은 알지 못할 것입니다.

이른 아침 마을 길목에 쏟아지는 황금빛 햇살,
지붕 너머로 풍겨오는 따뜻한 밥 냄새,
건넛집 피아노 학원의 서투른 소나타 연주 소리,
강아지와 산책하기 좋은 아담한 해변,
이름 모를 풀과 나무로 우거진 언덕…

영화가 끝난 뒤 관객이 떠난 객석에
홀로 남아 즐기는 엔딩 크레디트의 여운,
그리고 모두가 놓친 비하인드 영상을 볼 때의
특별함과 닮아 있습니다.

멀리 이동하고 많이 둘러보는 대신 오래 머물면서
천천히 마을의 분위기를 느껴보세요.
소란한 중국어는 듣고 싶어도 들을 수 없고,
대신 산책길에 마주친 마을 사람들의
정겨운 인사말이 들립니다.
작은 마을의 포근하고 청명한 여유를 마음에 담아 가세요.
당신의 바쁜 일상이 제주를 닮아갈 거예요.

김주미

1

로맨틱한 분홍빛 수평선

함 덕 리

HAM DEOK RI

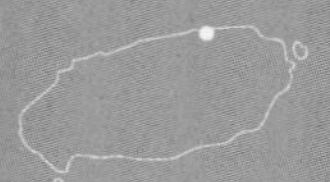

수채화가 잘 어울리는 제주 풍경을 그리라고 하면 단연 함덕리 마을이 떠오른다. 팔레트에 파란색 물감을 짜서 붓에 물감과 물을 적당히 묻혀 하얀 도화지에 쓱 하고 칠해 하늘을 만들고, 파란색에 연두색을 살짝 섞어 바다를 칠한 다음 연분홍색으로 하늘과 바다 사이에 수평선을 그어 본다. 이 평화로운 그림에 뭔가 더 그려 넣어야 한다면 연 날리는 아이와 그 뒤를 쫓는 귀여운 강아지, 이제 막 사랑을 시작한 연인이 어울리겠다.

함덕 서우봉 해변은 백사장 한가운데가 볼록 튀어나온 지형 때문에 동쪽에서 바람이 불면 서쪽 해변이, 서쪽에서 바람이 불면 동쪽 해변이 잔잔해진다. 그 때문에 국내 유일의 카약 레저 명소로도 알려져 있다. 900m 길이의 하얀 백사장, 5도 경사의 완만한 서우봉 오름, 얕은 수심의 비췻빛 바다, 끝이 뾰족한 키 큰 열대 나무가 어우러진 이국적인 풍경은 마치 하와이에 온 듯한 느낌을 준다. 함덕 서우봉 해변은 수심이 얕아 아이들이 놀기 좋은 해변으로 알려지면서 오랫동안 가족 여행자들에게 인기를 끌고 있다. 또 함덕리는 김녕리나 월정리로 가기 좋은 길목에 위치하며 공항까지 오가는 동일주 노선 버스가 수시로 다녀 나 홀로 또는 친구들끼리 여행하면서 자투리 시간을 보내기 좋은 마을이다. 번화한 읍내 정도의 규모이다 보니 초 · 중 · 고등학교와 슈퍼마켓, 약국, 분식집, 중국집 등의 상권이 한곳에 모여 있다. 최근 들어 함덕 서우봉 해변에 반한 젊은 여행자들이 부쩍 늘었다. 몇 해 전만 하더라도 여정 중 시간이 남을 때 들르던 관광지였는데 이제는 핫한 카페, 감성이 가득한 서점과 공방, 게스트하우스 등이 생겨 하루 종일 머물러도 좋은 동네가 되었다.

여행 Tip

• 함덕 서우봉 해변을 중심으로 관광지가 발달해 있으며 프랜차이즈 식당이나 가족 단위 관광객을 대상으로 한 식당이 주를 이룬다.
• 최근 들어 소박한 카페와 공방, 서점 등 젊은 여행자들이 좋아할 만한 공간이 가까운 거리에 하나둘 생겨나고 있다. 버스로 세 정거장 거리로, 차량이 없다면 여유를 갖고 도보로 둘러봐도 좋다.

대중교통

• 제주공항에서 급행 버스 101번 승차 후 함덕 서우봉 해변 정류장 하차

함덕리 01

아름다운 해변을 품은

서우봉 오름

함덕리를 찾아오는 사람들이 주로 가는 관광지는 함덕 서우봉 해변과 해변 오른쪽 끝의 서우봉 오름이다. 해발 113.3m의 서우봉 오름은 참 많은 우여곡절을 겪었다. 고려 시대에는 진도에서 거제도로 피신해 온 삼별초군이 마지막까지 저항했던 곳이었으며, 조선 시대에는 봉수대를 세워 원거리 통신 수단 역할을 했다. 일제강점기에는 일제가 연합군 함대에 자살 폭파 공격을 하기 위해 구축한 동굴이 있었다. 수난의 세월을 거치고 난 뒤인 오늘날에는 남녀노소 모두 즐겨 찾는 산책로로 거듭났다. 올라가기 쉽게 완만한 산책로를 내고 중간중간 벤치를 놓아 바다를 감상하며 여유롭게 걷기 좋다. 봄에는 유채꽃이 만발해 봄 여행지로 인기가 높으며, 그 외 시기에는 광대수염, 옥녀꽃대, 갯메꽃, 찔레꽃 등 여러 낯선 이름의 야생화가 피어 눈을 즐겁게 한다. 서우봉 오름에서 바라보는 함덕 서우봉 해변과 아름다운 한라산 풍광은 가히 압권이라 할 만하다.

ADD 제주시 조천읍 함덕리 169-1
TEL 064-728-7882
PARKING 보유

함덕리 02

에메랄드빛 바다

함덕 서우봉 해변

ADD 제주시 조천읍 함덕리 1008
TEL 064-728-3989
PARKING 보유

함덕리를 찾기 며칠 전 호되게 탈이 나 병원 신세를 졌다. 야위고 허약해진 심신을 이끌고 업무차 함덕리에 왔다. 빠듯한 일정 탓에 아침 식사도 거르고 함덕리 서우봉 해변을 걷던 순간의 생경함이 아직도 또렷하게 떠오른다. 제주 바다가 아름다운 것은 이미 알고 있었지만 상상하지 못한 풍경이 펼쳐져 있었다. 아침 여명이 남기고 간 분홍빛과 보랏빛이 해변에 흩뿌려져 있었으며, 밤새 아무도 밟지 않은 백사장은 이슬이 말라가고, 새소리도 들리지 않을 만큼 고요했다. 저 멀리 바다 끝에서 밀려오는 파도 소리와 바다 내음에 몸이 새로 태어나는 듯 기운이 차려졌다. 고운 백사장과 패사층은 함덕 서우봉 해변의 물빛을 에메랄드빛으로 만들어낸다. 또 경사가 거의 없고 수심이 낮은 이곳에서는 아이들도 안전하게 물놀이를 즐길 수 있다. 멀리서는, 또렷하게 보이는 한라산이 멋진 풍경을 선사한다.

함덕리 03

몸국으로 속 풀기 좋은

강풍식당

ADD 제주시 조천읍 조함해안로 528
TEL 064-782-8028 HOURS 06:00~20:00 CLOSED 목요일
PRICE 몸국 7,000원, 성게미역국 9,000원
PARKING 보유

제주 토속 음식 중 가장 궁금했던 것은 몸국이다. 여행길에 만나는 사람마다 몸국을 먹어봤는지 물었다. 도대체 어떻게 생긴 음식인지, 어떤 맛일지 몸국의 정체를 직접 마주하고 싶었다. 함덕 서우봉 해변 주변에는 몇몇 맛집을 제외하고 관광객을 상대로 하는 식당이 많다. 그중 가장 작고 허름해 보이는 곳으로 들어가 몸국을 주문했다. 시래깃국을 닮은 듯한 몸국이 뚝배기에 담겨 나왔다. 몸국의 '몸'은 '모자반'의 제주 말로, 돼지 등뼈와 사골을 우려낸 육수에 모자반과 된장을 풀어 푹 끓인 것이 몸국이다. 처음에는 다소 심심하다 싶은 맛인데, 뜨끈한 국물에 밥 한술 말아 먹으니 속이 든든하다. 전날 과음 후 속 풀기에도 제격이다.

함덕리 04

보기 좋은 커리가 맛도 좋다

모닥식탁

ADD 제주시 조천읍 함덕16길 14-1 TEL 064-784-1050
HOURS 11:00~20:00(브레이크 타임 15:00~17:00) CLOSED 일 · 월요일
PRICE 돌문어커리 · 딱새우커리 11,000원
PARKING 보유

제주의 딱새우와 돌문어는 외지 사람들에게 낯설어서 더 매력적인 식재료다. 맛도 맛이지만 멋을 내기에도 좋다. 딱새우와 돌문어를 건강하고 맛있고 멋있게 요리하는 식당이 함덕리의 한 작은 마을에 자리해 있다. 도로를 따라 상가가 줄지어 있고, 그 사이로 난 주택가 골목을 비집고 들어서자 '모두' 또는 '모은다'라는 뜻의 제주 방언에서 따온 이름의 모닥식탁이 보인다. 제주의 모든 음식이 다 있을 것 같은 상호지만 이곳의 메뉴는 딱새우커리와 돌문어커리, 두 가지뿐이다. 걸쭉한 일본식 카레와는 달리 가벼운 질감에 과하지 않은 향의 커리와 제주에서 재배한 채소를 사용해 정성껏 만든다. 투박한 질그릇에 고슬고슬한 밥과 부드러운 커리, 쫄깃한 돌문어, 고소한 이집트콩, 톡톡 튀는 식감의 날치알을 함께 담아낸다. 아주 익숙한 듯한 요리를 한 입 먹어보니 새삼 낯설게 느껴진다. 낑깡을 넣고 사우전드 아일랜드 드레싱을 뿌린 샐러드가 커리와 제법 잘 어울린다. 보통 사람들이 즐겨 먹는 커리를 좋아하지 않는 내게 유일하게 종종 생각나 입맛을 다시게 만드는 것이 모닥식탁의 커리다. TV 맛집 프로그램에 소개된 이후 찾아오는 발길이 늘었다고 한다.

함덕리 05

소박하지만 알찬 한 그릇 요리

소소한 풍경

ADD 제주시 조천읍 신흥로 2
TEL 064-784-3707
HOURS 09:30~14:40
CLOSED 일·월요일
PRICE 가정식 8,000원
PARKING 보유
WEB www.instergram.com/sosohan_jeju

자취를 하다 보니 1인용 소반에 찌개나 메인 요리에 반찬 서너 가지를 맛있게 차려내는 한식당을 좋아한다. 함덕리에서 한 발짝 넘어가면 바로 닿는 신흥리 정류장 앞에 그런 가정식 식당이 있다. 제주산 흑돼지로 만드는 돈가스 정식은 인기가 많아 상시 메뉴가 되었고, 매주 바뀌는 건강식 밥상 메뉴를 인스타그램에 공지한다. 직장에서 매일 점심시간에 메뉴 고르는 일이 얼마나 귀찮고 골치 아프던가. 소소한 풍경은 이와 같은 지역 직장인들의 고민을 덜어준다. 메인 메뉴인 돈가스는 고기를 바삭하게 튀긴 후 달콤한 소스와 통후추를 뿌려 내온다. 내가 방문했을 때 '이 주의 메뉴'는 비 오는 날씨와 잘 어울리는 육개장이었다. 전날 밤부터 아침까지 한우를 푹 고아 끓인 육수에 양지머리 고기와 고사리를 듬뿍 넣어 내온다. 밥을 넣고 푹푹 말아 김치를 올려 먹으면 한 뚝배기가 뚝딱이다. 젓갈을 넣어 담근 김치의 감칠맛이 남달라 주인에게 물어보니 고향이 전라도인 어머니의 손맛을 이어받았다고 한다.

함덕리 06

낮에만 맛볼 수 있는 당근 티라미수

당군

ADD 제주시 조천읍 함덕로 26
TEL 010-4215-9600
HOURS 10:00~18:00
CLOSED 수요일
PRICE 당근 주스 4,000원, 티라미수 샘플러 9,000원(카드 사용 불가)
PARKING 없음, 인근에 주차 가능

당군은 20대 젊은 청년이 운영하는 카페다. 파티시에의 꿈을 이루기 위해 제주도로 내려와 카페를 오픈했다고 한다. 타고난 감각과 섬세함으로 인테리어를 아기자기하게 꾸며놓았다. 카페의 대표 메뉴는 당근으로 만든 음료와 당근 티라미수다. 초콜릿 가루를 듬뿍 뿌린 티라미수와, 가을에는 무화과 티라미수, 겨울에는 딸기 티라미수 등 계절마다 다른 시즌 티라미수를 선보인다. 다양한 티라미수를 맛보고 싶어 하는 손님들을 위해 세 가지 티라미수를 선택할 수 있는 티라미수 샘플러 메뉴도 준비돼 있다. 가게 주인은 인사성도 밝고 붙임성도 좋아서 찾아오는 손님 모두에게 살갑게 대한다. 한편 이곳은 밤이 되면 '달사막'이라는 술 점방으로 변신하며 주인도 바뀌고 와인과 소주, 맥주, 막걸리 등 다양한 술과 안주를 판다.

함덕리 07

전망이 탁월한

카페 델문도

ADD 제주시 조천읍 조함해안로 519-10
TEL 064-702-0007
HOURS 07:00~24:00
PRICE 음료 5,000~8,000원
PARKING 없음, 함덕 서우봉 해변 주차장 이용 가능

카페 델문도는 주변이 온통 맑은 하늘빛이다. 일본 애니메이션 〈너의 이름은〉 속 풍경이 펼쳐지는 듯하다. 이곳을 찾은 여행자들은 하나같이 눈앞에 펼쳐진 그림 같은 풍경에 감탄한다. 카페는 2층 규모로, 1층에서는 통유리창으로 바다가 보여 마치 바닷속에 떠 있는 듯한 기분이 든다. 2층 야외 테라스는 로맨틱한 함덕 서우봉 해변의 풍경을 즐기기 좋아 늘 만석이다. 카페는 매일 아침 로스팅해 제공하는 커피와 다양한 종류의 빵을 선보인다. 커피로 하루를 시작하고, 아침 식사로 빵을 좋아하는 여행자에게 이곳만 한 곳이 없다. 제주에서 태어나 제주를 주제로 한 작품을 선보이는 조각가 이승수의 작품과 주인의 취향을 엿볼 수 있는 수집품이 카페 곳곳에 자리해 갤러리에 온 듯한 기분도 즐길 수 있다.

함덕리 08

취향대로 골라 먹는 맥주

함덕's 487

ADD 제주시 조천읍 신북로 487
TEL 064-782-0487
HOURS 18:00~02:00
CLOSED 화요일
PRICE 갈릭 고르곤졸라 피자 & 샐러드 16,000원, 해장 딱새우라면 6,000원, 레드락 크림 생맥주 5,000원
PARKING 없음, 인근에 주차 가능

제주의 마을에는 밤늦게까지 영업하는 카페나 술집이 거의 없다. 그러나 젊은 여행자들이 많이 모이는 함덕리에 최근 유행하는 펍이 있다. 각종 수제 맥주는 물론 와인, 위스키, 칵테일 등 다양한 주류를 구비하고 있을 뿐 아니라 안주 메뉴도 푸짐하다. 갈릭 고르곤졸라 피자 & 샐러드, 갈릭 새우구이, 베이컨 샐러드, 먹태구이, 해장 라면 등 가벼운 메뉴부터 식사 대용으로도 좋은 메뉴까지 고루 갖추고 있다. 제주에서 가벼운 흥분을 느끼고 싶을 때 찾기 제격인 곳이다.

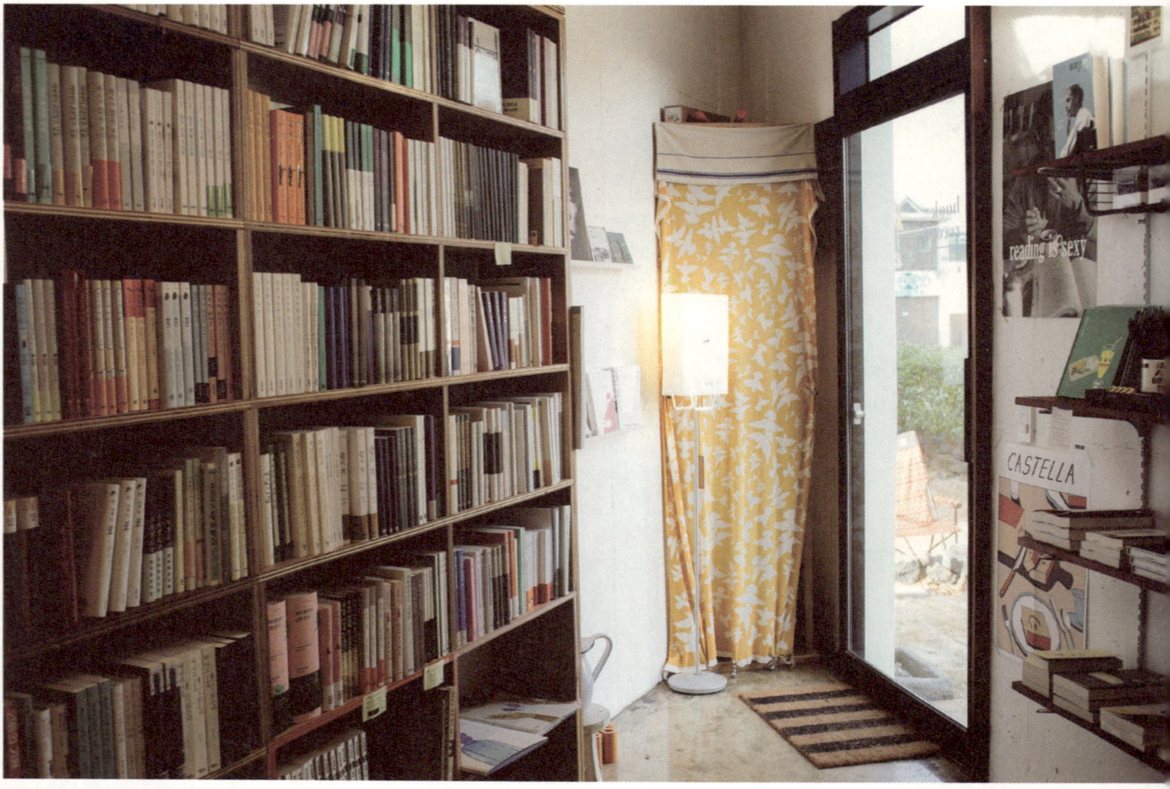
reading is sexy
CASTELLA

18

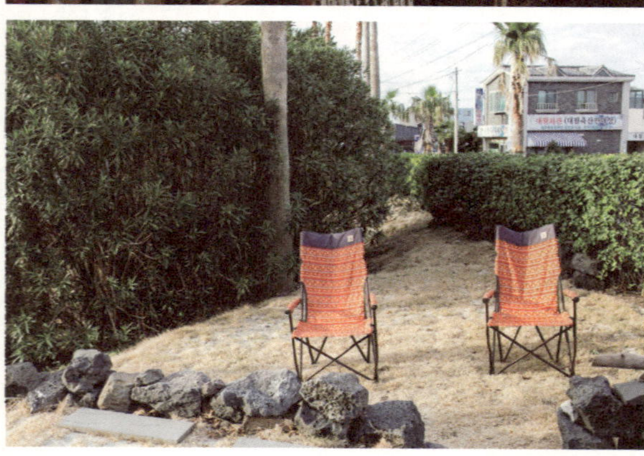

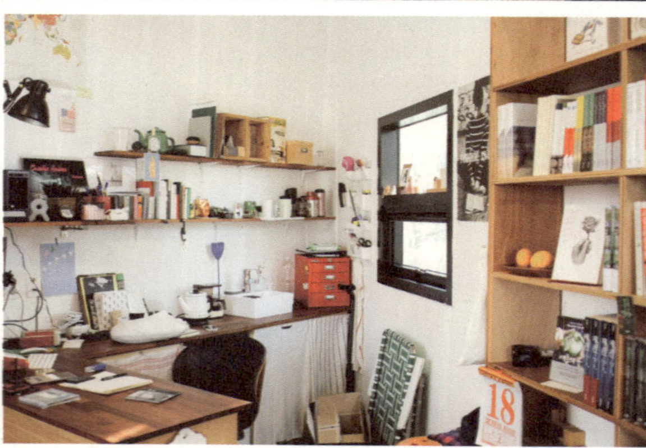

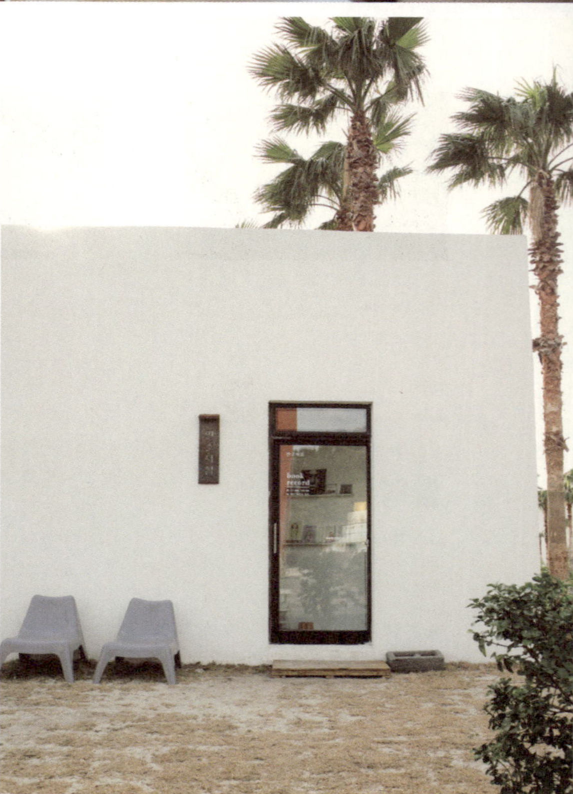

함덕리 09

담담한 글과 음악이 있는

만춘서점

ADD 제주시 조천읍 함덕로 9
TEL 064-784-6137
HOURS 11:00~19:00(금·토요일 ~21:00)
CLOSED 목요일
PARKING 없음, 인근에 주차 가능

하얀색 건물 뒤로 야자나무가 우거지고 잔디밭에는 편안한 의자가 여럿 놓여 있는, 하와이를 닮은 풍경이 펼쳐지는 서점이다. 만연한 봄을 맞이한 때 서점을 오픈해 만춘서점이라 이름 붙였다고 한다. 짧은 머리와 담담한 말투, 투박하면서도 따뜻한 몸짓의 주인장에게서 싱어송라이터 장필순의 정서가 느껴진다.

음반과 책을 취급하는 아담한 서점 안에는 어른들을 위한 알록달록한 동화책, 시집, 소설 등 다양한 분야의 책과 LP 음반, 그리고 시와, 김목인, 에피톤 프로젝트, 두 번째 달, 장국영 등의 음반 리스트가 구비되어 있다. 마음에 드는 책과 음반이 많아 쉽사리 자리를 뜨지 못하는 손님들과 주인장이 함께 고요한 수다 파티를 열기도 한다. 강아솔과 시와의 음악을 들으며 비교해보기도 하고, 아코디언 연주가의 음악을 틀어놓고, 그 연주가의 집에 불이 나 아코디언이 불타자 사람들이 십시일반 모금을 해 도와줬다는 이야기를 나눴다. 음악 이야기를 한창 하고 나니 책보다는 음악에 끌려 음반 하나를 구입했다. 여행을 마치고 돌아가 침대 머리맡의 CD 플레이어로 틀어두면 편안한 잠을 잘 수 있을 거라는 기대를 품었다. 가게 밖 잔디밭 한쪽에는 마왕 신해철을 추모하는 추모비가 서 있다. 한편 2017년 2월 서점 바로 앞에 만춘여관이라는 게스트하우스를 오픈했다.

함덕리 10

버려지는 것들의 의미 있는 변신

느리게 가게

ADD 제주시 조천읍 함덕8길 2
TEL 070-7607-5872
HOURS 비정기적
PRICE 캔들 15,000원, 풍경 15,000원부터
PARKING 없음, 인근에 주차 가능
WEB slowshop.modoo.at

추운 어느 겨울날, 갈대숲으로 사진을 찍으러 갔다. 하루 종일 칼바람을 맞고 돌아오는 기차 안에서 맥주 한 병을 사 마시며 몸을 녹였다. 그 후로 여행을 기념 삼아 맥주병을 모으기 시작했다. 한 병 두 병 모으다 보니 처치 곤란해져 모두 내다버렸다. 수집이라는 것을 진득하게 못하는 성격이지만 맥주병에 대한 관심이 아주 없어진 것은 아니었다. 맥주병에 대한 집착에 다시 불을 지핀 것은 느리게 가게다. 실내에 들어서는 순간 맥주병을 쭉 늘어놓은 모습에 펍이 아닌가 싶었지만, 예쁜 맥주병을 반듯이 자른 뒤 그 안에 촛물을 부어 향기로운 캔들을 만드는 곳이다. 캔들뿐 아니라 폐현수막으로 향낭도 만들고, 제주 바다에서 주워 온 소라 껍질로 건물 처마 끝에 다는 풍경도 만든다. 리사이클링이라는 주제로 이곳에서만 구입할 수 있는 특별한 아이템이다. 그 밖에 여러 작가의 그림엽서와 술병을 화분 삼아 심은 다육식물도 판다. 주인이 문을 열고 싶을 때 열고 닫고 싶을 때 닫으므로 방문하려면 사전에 카카오톡으로 방문 가능한 시간을 확인해야 한다.

여행 Tip

- 세화 벨롱장을 비롯한 제주 플리마켓에서도 제품을 만날 수 있다.
- 카카오톡 아이디 slowshop으로 문의 후 방문하자.

함덕리 11

청춘들의 여행 수다가 가득한

청춘로그 게스트하우스

ADD 제주시 조천읍 함덕8길 5
TEL 010-8674-9272
HOURS 체크인 16:00, 체크아웃 10:00
PRICE 여자 3인실 도미토리 22,000원, 1인실 30,000원, 2인실 복층방 60,000원, 3인실 복층방 80,000원
PARKING 없음, 인근에 주차 가능
WEB jejulog.modoo.at

2015년 봄, 처음 함덕리에 왔을 때 숙소라고는 대형 리조트와 호텔, 펜션, 그리고 농가에서 운영하는 게스트하우스 하나가 전부였다. 그로부터 1년 후 젊은 여행자들이 함덕리에 찾아들면서 게스트하우스가 계속 생겨나고 있다. 청춘로그 게스트하우스도 그 무렵 등장한 곳이다. 세계 여행을 마치고 돌아온 청년이 자신의 여행 노하우를 담아 만든 게스트하우스다. 투숙객이 묵는 방과 여행자들이 모이는 라운지가 각각 다른 건물로 분리되어 있어 잠은 편안하게, 수다는 푸짐하게 즐길 수 있다. 숙박비가 저렴한 만큼 시설은 단출하다. 그러나 침구나 객실 청소 상태는 젊은 청년이 운영하는 만큼 깔끔하다. 숙소에서 길 건너 골목으로 들어가면 바다가 펼쳐지고 근처에 펍과 소품 가게도 생겨나고 있다. 버스 정류장과도 가까워 뚜벅이 여행자들이 많이 찾는다.

MR. LAMP

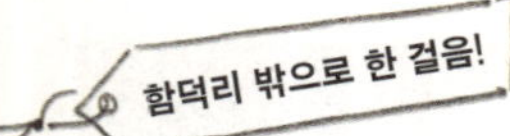

+

나만 알고 싶은 제주의 바다

김녕해수욕장

ADD 제주시 구좌읍 김녕리
TEL 064-728-7783
PARKING 보유
ACCESS 제주공항에서 급행 버스 101번 승차 후 김녕리 정류장 하차, 간선 버스 201-1번으로 환승해 김녕성세기해변 정류장 하차

오랜 소꿉친구와 함께 떠난 첫 여행지가 제주였다. 우리의 여행 모토는 어디든 차를 타고 가다가 마음에 들면 내려 즐기는 것이었고, 가장 먼저 차를 멈춘 곳이 김녕해수욕장이었다. '김녕'이라는 이름이 독특하기도 하고, 바닷가에 서 있는 바람개비 모양의 풍력발전기가 이색적이었기 때문이다.

너럭바위와 용암지대로 이루어진 작은 해수욕장은 하얀 모래가 양탄자처럼 깔려 있었다. 모래는 실크 스카프처럼 발에 휘감겼다가 살짝 부는 바람에도 쉽사리 날아갈 정도로 곱디고왔다. 그동안 여행한 여러 해변의 모래사장과는 다른, 물기 하나 없이 뽀송뽀송한 모래의 감촉에 취해 잠시 바다를 잊었다. 잠깐 구름이 걷힌 틈을 타 내리쬐는 햇빛에 눈이 부셔 고개를 돌렸다. 햇빛에 반짝이는 맑은 물과 하늘이 비취색 수평선을 그려내고 해변에 잔잔한 파도가 밀려왔다.

신발을 벗어두고 차가운 바닷물과 따뜻한 모래 사이를 오가며 걷고 있자니 샛바람에 머릿결이 하늘거린다. 모래사장보다 더 하얀 풍력발전기는 마치 제주에 온 걸 환영한다며 손을 흔들어주듯이 천천히 돌아간다.

여행 Tip

- 매년 7~8월 중 해수욕장을 개장한다. 해수욕장을 개장하지 않더라도 언제든지 입장은 가능하다.
- 갯바위에서는 갓돔과 노래미 등이 잘 잡히기로 유명하며 윈드서핑, 수상스키 등을 즐길 수 있고, 인근 야영장에서 캠핑도 가능하다.

2

해 질 녘부터 동틀 때까지 즐기는 자유

평 대 리

PYEONG DAE RI

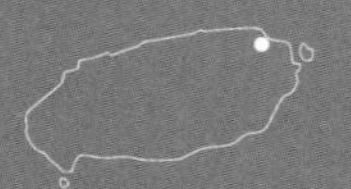

푸른 바다와 평행으로 이어진 해안 도로를 따라 유명 식당과 카페가 줄지어 있고, 그 앞은 주차 공간이 모자라 도로까지 렌터카들이 점령했다. 대기 번호를 받고 기다리는 사람들은 차마 멀리 가지 못하고 평대리 앞바다를 구경하며 시간을 보낸다. 울퉁불퉁한 현무암 바위 위에서 뛰노는 아이들, 보말이나 고둥을 잡는 가족들, 인생 사진을 건지려고 열심히 포즈를 취하는 친구나 커플 여행자들의 모습이 평대리의 한낮 풍경이다. 평대리는 제주의 여러 마을 중에서도 인기 있는 맛집이 모여 있기로 유명하다. 여행자들이 들끓는 가운데에서도 뚝심 있게 음식을 만들어내는 식당 주인들이 새삼 대단해 보였다. 나 홀로 여행자들은 일행이 있는 여행자보다 한결 여유롭다. 대기자 명단에 이름을 올려두고 이 집 저 집 담벼락을 기웃거리며 느긋하게 마을 산책을 즐긴다.

평대리의 본래 이름은 '뱅듸'로 버덩(높고 평평하며 나무는 없이 풀만 우거진 거친 들)을 뜻한다. 버덩 지형에 형성된 마을이라 이층집만 되어도 창밖으로 평대리 바다가 한눈에 보인다. 골목길에서 까치발만 들어도 바다가 보일 것 같다. 저녁 장사가 마무리되는 시각이면 여행자들은 썰물처럼 빠져나가고 식당 주인과 동네 주민, 하룻밤 묵어 가는 여행자만이 남아 고요한 밤을 맞이한다. 연극이 끝나고 난 뒤 찾아오는 무대 위의 고요함 같은 것이 마을에 안개처럼 퍼진다.

여행 Tip

• 평대리 해안 근처에는 맛집은 많지만 번듯한 편의점이나 슈퍼마켓이 없으니 주전부리나 생수는 미리 챙겨 가는 것이 좋다.
• 유명 맛집 중 몇 곳은 숙박업을 겸하는데 식당의 플레이팅만큼이나 숙소 인테리어가 멋지다.

대중교통

• 제주공항에서 급행 버스 101번 승차 후 김녕리 정류장 하차, 간선 버스 201-1번으로 환승해 계룡동 정류장 하차

평대리 01

호젓하게 걷기 좋은 숲

비자림

ADD 제주시 구좌읍 비자숲길 62
TEL 064-710-7912
HOURS 09:00~18:00
PRICE 일반 1,500원, 청소년 800원
PARKING 보유

수령이 500년에서 800년이나 되는 비자나무 2,800여 그루가 모여 있는 비자림은 천연기념물 제374호로 지정돼 있다. 오랜 세월을 견뎌온 비자나무가 뿜어내는 피톤치드가 가득해 힐링하기 좋은 곳이다. 한 가지 수종의 나무가 이토록 많이 모여 있는 곳은 전 세계에서 비자림이 으뜸으로 꼽힌다. 또 비자림은 제주에서 처음 생긴 삼림욕장으로, 세계 최대 규모를 자랑하는 숲이다. 걷는 데 짧은 코스는 40분, 긴 코스는 1시간 30분 정도 걸린다. 독특한 천연 지하자원인 화산송이가 덮인 길옆으로 수려한 비자나무가 뻗어 있고 그 사이를 까마귀가 울며 날아다닌다. 우리나라에서 흉조라 여기는 까마귀 울음소리가 음산하지 않고 반갑게 들리는 곳은 아마도 비자림뿐이 아닐까. 여름날의 비자림은 등줄기를 타고 내려가는 땀을 식혀주고, 비자꽃이 화산송이 위로 떨어져 그야말로 꽃길을 걷게 해준다. 또 가을날에는 비자 열매가 땅에 떨어져 발에 밟힌다. 비자 열매는 올리브처럼 생겼는데 엄지와 검지로 쥐고 살짝 힘을 주면 풋대추처

럼 포슬포슬한 속살이 드러나면서 상큼한 비자 향이 사방으로 퍼진다. 비가 오는 새벽을 지나 구름이 걷힐 때 펼쳐지는 일출이 아름답기로도 유명하다. 이어폰으로 흐르는 음악 대신 풀벌레 소리와 까마귀 울음소리가 들리는 숲의 기운을 들이마시며 귀도 눈도 마음도 머릿속도 맑게 씻어내자.

평대리 02

숨은 일출 명소

평대리 해변

ADD 제주시 구좌읍 평대리 515-24
PARKING 없음, 인근 도로변에 주차 가능

평대리 해안 도로는 한여름에 해수욕을 즐기는 사람들과 바위 사이의 보말이나 고둥을 잡으려는 아이들, 맛집 투어를 끝내고 식후 산책을 즐기는 사람들로 붐빈다. SNS 속 유명 맛집이나 카페 방문을 목적으로 평대리에 찾아오는 사람들은 이곳의 진면목을 보지 못하고 떠난다. 평대리 해변의 진가는 아침에 발휘된다. 평대리가 동쪽에 위치해 있어 남해나 서해에서 볼 수 없는 선명한 일출을 감상할 수 있다. 해가 떠오르는 것을 지켜보며 시원한 아침 공기를 마셔보자. 왠지 멋진 하루가 펼쳐질 것만 같은 기분 좋은 예감이 들 것이다.

평대리 03

보기만 해도 침이 꼴깍

벵디

ADD 제주시 구좌읍 해맞이해안로 1108 TEL 070-8899-7824
HOURS 10:30~21:00 CLOSED 목요일
PRICE 돌문어덮밥 13,000원, 뿔소라덮밥 11,000원
PARKING 없음, 인근에 주차 가능

제주에서 가장 핫한 식당 중 하나. TV 맛집 프로그램에 소개되기 전부터 유명한 맛집이었다. 가게 오픈 시간 전부터 대기자 명단에 이름을 적어야 할 정도로 웨이팅이 길기 때문에 평대리 여행의 시작은 벵디에서 하는 것도 좋다.

대표 메뉴는 보기만 해도 침이 꼴깍 넘어가는 돌문어덮밥과 뿔소라덮밥이다. 돌문어덮밥은 한 테이블당 한 그릇만 주문이 가능해 일행이 여러 명이면 보통 뿔소라덮밥과 함께 주문한다. 돌문어덮밥은 적당히 삶아 윤기가 흐르는 돌문어 다리를 양배추, 양파와 함께 매콤달콤한 소스에 볶은 후 잘 지은 밥 위에 얹어 무쇠팬에 담아 내온다. 문어 다리를 먹기 좋게 썰지 않고 통째로 올려 더 먹음직스럽고 푸짐해 보인다. 뿔소라덮밥은 영양부추와 채 썬 양배추·당근 등과 함께 삶은 뿔소라를 밥 위에 얹어 내온다. 양념장이 따로 나와 입맛에 맞게 비벼 먹으면 된다. 아삭아삭한 채소와 쫄깃한 뿔소라의 식감이 잘 어우러져 씹는 즐거움이 있다. 쓱쓱 비벼 크게 한 입 떠 넣으면 제주의 밭과 바다의 풍미가 느껴져 콧노래가 절로 나온다. 전화 예약은 받지 않고 방문 예약만 가능하다. 벵디 옆에는 이곳에서 운영하는 독채 펜션 벵디 1967이 있다.

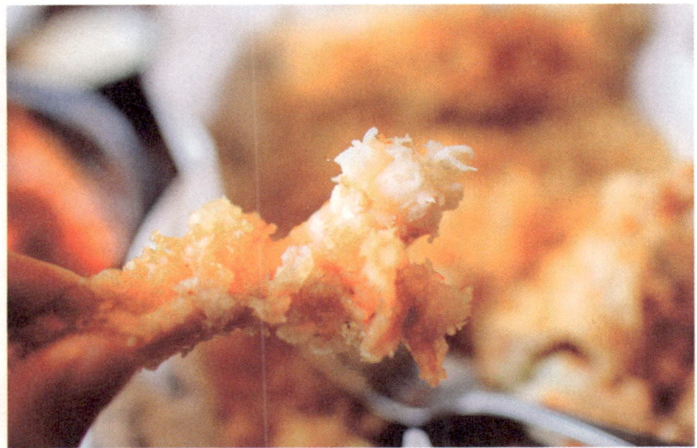

평대리 04

제주까지 와서 먹어도 좋은 떡볶이

평대스낵

ADD 제주시 구좌읍 대수길 7 HOURS 11:30~18:00 CLOSED 화 · 수요일
PRICE 떡볶이 4,000원, 왕새우튀김 8,000원, 생맥주 4,000원
PARKING 없음, 인근에 주차 가능

다섯 평쯤 되어 보이는 내부에는 바와 작은 테이블 몇 개가 놓여 있고, 건물 위로 평대리 해변을 내려다볼 수 있는 루프톱이 있다. 비가 내릴 때면 루프톱을 이용할 수 없어 자리 경쟁이 더 치열해지는 평대리의 대표 맛집이자 제주의 대표 분식집이다. 붉은색으로 페인트칠한 외관처럼 빨갛고 매운 떡볶이와 커다란 왕새우튀김, 한치튀김을 선보인다. 이 집이 인기를 얻는 데는 예쁜 플레이팅이 한몫하고, 까다롭다는 패널들이 맛을 평가하는 TV 프로그램 〈수요미식회〉 출연이 또 한몫했다. '제주까지 와서 무슨 떡볶이냐' 라고 생각할 수도 있지만 막상 먹어보면 '줄 서서 먹을 만하네'라고 자연스레 고개가 끄덕여진다. 떡은 쫄깃하고 양념은 매콤한 편이다. 깨끗한 기름으로 튀긴 왕새우튀김과 한치튀김의 고소한 맛이 매운 떡볶이와 잘 어울린다. 여기에 생맥주 한 잔 곁들이면 그동안 쌓인 스트레스가 싹 가실 것만 같다. 튀김은 하나씩 튀겨내기 때문에 나오는 데까지 기다림의 인내가 필요하다. 포장도 가능하다.

평대리 05

빨간 소파가 인상적인 카페

카페 마니

ADD 제주시 구좌읍 해맞이해안로 1112
TEL 064-7129-7533
HOURS 11:00~19:30
PRICE 커피 5,000~6,000원,
한라봉감귤차 8,000원
PARKING 없음, 인근에 주차 가능

평대리의 해변이 한눈에 펼쳐지는 카페로, 돌문어덮밥 맛집인 벵디 바로 옆에 있다. 그래서인지 벵디에서 식사 후 카페 마니로 발길을 잇는 경우가 많다. 평대리의 유명한 맛집을 전전하다 지친 사람들이 차 한잔하며 잠깐 쉬러 들렀다가 좀처럼 떠나지 못하는 곳이기도 하다. 그 이유는 바다를 마주하고 있는 마당에 놓인 빨간 빈백(beanbag) 의자 때문이다. 보기만 해도 몸이 나른해지는 빈백 의자에 누워 있으면 파도 소리를 자장가 삼아 스르르 잠이 온다.

비가 내리는 등 날씨가 궂은 탓에 마당에 자리를 잡지 못해도 실내 또한 그 못지않은 매력을 뿜어내니 실망할 필요 없다. 실내에는 쌍둥이처럼 꼭 닮은 고양이 두 마리가 곧잘 입식 다락방을 차지하고 누워 있는데, 고양이와 편안히 놀다 가기 좋다.

평대리 06

시크한 매력의 카페

아일랜드 조르바

ADD 제주시 구좌읍 대수길 9
TEL 010-4787-2901
HOURS 10:30~18:00
CLOSED 월요일
PRICE 핸드 드립 커피 5,000원, 댕유자 에이드 5,500원
PARKING 없음, 인근에 주차 가능
WEB blog.naver.com/islandzorba

붉은 지붕과 푸른 잔디가 깔린 마당, 오래된 돌담이 제주의 여느 집과 다를 바 없어 보이는 카페 아일랜드 조르바에서는 마을 풍경이 내다보인다. 내부는 주방과 이어지는 거실과 방 2개로 이루어져 있다. 아담한 거실에는 커다란 원목 테이블이 하나 놓여 있고, 한쪽에 자리한 오래된 턴테이블과 손때 묻은 LP판에서는 세월의 흔적이 느껴진다. 어쩐지 카페라기보다는 시골집 사랑방에 놀러 온 것 같다. 작은 방에 둘러앉아 소곤소곤 이야기를 나누며 향긋한 커피 한잔 앞에 두고 음악을 듣다 보면 세상에서 가장 여유로운 사람이 된 것 같다. 마감 시간이 다 되어 문을 닫으려는 찰나에 들어온 손님을 달가워하지도 귀찮아하지도 않는 시크한 여주인은 어딘지 모르게 이 토속적인 분위기의 카페와 닮지 않은 듯 닮아 있다. 카페 별채에서는 1~2인실 독채 민박, 조르바롯지를 운영한다.

평대리 07

혼자라서 다행이야

아서의 집

ADD 제주시 구좌읍 대수길 11
TEL 064-782-2119(예약 문의는 블로그 안부글로 가능)
HOURS 체크인 16:00, 체크아웃 10:30
PRICE 1인실 50,000~60,000원, 독채 230,000원(조식 포함, 성수기 기준)
PARKING 없음, 인근에 주차 가능
WEB asuhasuh.blog.me

아서의 집은 그림 작가 아서 씨와 그녀의 남편이 운영하는 1인실 여성 전용 게스트하우스다. 앞마당에 들어서면 순한 개 두 마리가 손님을 반겨주고, 저 멀리 풍차가 보인다. 내부는 방 사이에 마루가 있는 제주 전통 가옥 형태로, 인테리어가 각기 다른 방 4개, 욕실과 화장실이 각각 2개, 그리고 거실과 부엌으로 구성되어 있다. 각 방에는 옷장과 작은 화장대, 침대가 놓여 있다. 호텔 못지않은 포송포송한 수건 위에 로즈메리를 놓아둔 주인의 센스가 기분 좋아지게 한다. 소파와 테이블이 놓여 있는 아기자기한 거실에서도 느긋하게 쉴 수 있다. 조식을 제공하는 카페는 작은 주방과 테이블, 아일랜드 바로 구성되어 있고 다락방은 아서 씨의 작업 공간이다. 작업실에는 낯익은 그림들이 가득하다. 알고 보니 아서 씨는 베스트셀러 에세이 〈그 남자, 그 여자〉의 표지 일러스트레이터다. 아서의 집은 여성 전용이지만 독채인 경우는 남성도 이용할 수 있다. 주먹밥에 된장찌개, 샐러드, 커피 등을 차려내는 맛있는 조식은 아서 씨의 남편이 책임진다. 숙소 내 취사는 불가능하다.

3

가장 강렬한 빛을 품은 마을

종달리

JONG DAL RI

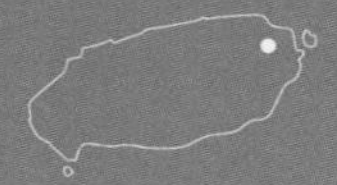

스페인 여행을 떠나는 친구의 여행 일정 짜는 것을 도와준 적이 있다. 스페인을 대표하는 도시들을 거쳐 포르투갈 리스본에서 마무리하는 일정이었다. 여행을 마치고 돌아온 친구에게 물었다.

"어느 도시가 가장 좋았어?"

"바르셀로나. 바르셀로나 때문에 다른 여행지는 다 시시해졌어."

제주 종달리는 '제주의 바르셀로나'라고 말하고 싶다. 겨울에도 따뜻한 날씨와 풍부한 일조량, 친절한 사람들이 바르셀로나와 아주 많이 닮아 있기 때문이다.

종달리의 '종달'은 제주 동쪽 맨 끝에 위치한 마을이라는 뜻이다. 제주에서 종달리를 가장 마지막에 여행한다면 여행의 대미를 장식하기에도 잘 어울리는 이름이다. 종달리의 집들은 다른 마을의 집들과 달리 원에 가까운 형태로 마주 보고 있어서 인지 더 가족 같은 분위기다.

해 질 무렵이면 다섯 살배기 꼬마 아이의 목소리에 온 동네가 떠들썩하다. 일을 마치고 집으로 돌아가는 아저씨도, 밥을 짓던 아주머니도 아이 목소리에 미소 짓는다. 어른들

에게 애교 부리며 귀여움을 독차지 하는 아이는 이웃집 30대 부부와도 절친한 친구 사이다. 마을 사람들이 유독 정이 많은 이유는 마을의 기다란 해안선 끝, 성산일출봉에서 떠오르는 붉은 해가 사람들의 마음을 따뜻하게 녹여주기 때문이 아닐까?

마을 사람들의 정겨운 대화를 엿들으며 슬며시 종달리 지도에 내가 꿈꾸는 집 한 채를 그려본다. 크지 않은 제주 가옥에 붉은 지붕을 올려야지. 작은 마당에 빨래를 널어두면 금세 뽀송뽀송해질 테고, 햇볕이 잘 드니 감은 맛있게 익어가겠지. 익은 감은 칠순 노인과 나눠 먹고 '중2병' 걸린 소년에게는 그들만의 요즘 말을 배워야지. 밤 8시가 되면 제주 동쪽의 유일한 책방에서 책을 사다 읽어야지. 마음에 그늘이 지거나, 삶이 지루해지거나, 의욕이 없거나, 새로운 에너지가 필요할 때 종달리 지도에 계속 집을 지어야겠다.

달리센트

여행 Tip

• 종달리에서 성산일출봉과 우도가 매우 가깝다.

• 종달리는 올레길 1코스에 해당하는 마을로 걷기를 좋아한다면 올레길을 따라 마을 여행을 해도 좋다. 도보 여행이 부담스럽다면 대여소에서 세그웨이나 킥보드, 자전거를 대여하자.

대중교통

• 제주공항에서 급행 버스 101번 승차 후 세화리 정류장 하차, 간선 버스 201-1번으로 환승해 종달초등학교 정류장 하차

종달리 01

김영갑 사진작가의 오브제

용눈이오름

제주에서 다시 가고 싶은 곳을 딱 한 곳만 꼽으라면 김영갑갤러리 두모악이다. 사진작가 김영갑 선생이 단층짜리 폐교를 개조해 루게릭병과 싸우며 가꿔나간 갤러리다. 갤러리에는 제주 해녀들의 모습과 제주 중산간 지대의 풍경, 용눈이오름을 담은 사진, 김영갑 선생이 생전에 사용한 카메라와 유품이 전시되어 있다. 특히 용눈이오름을 향한 작가의 깊은 애정과 사진 세계가 절절하게 다가와 김영갑갤러리 두모악을 둘러보고 나면 용눈이오름을 안 가볼 수 없다.

김영갑 선생은 굳어가는 몸을 이끌고 올라가 용눈이오름의 24시간과 사계절을 카메라 앵글에 담았다. 완만하게 이어진 3개의 분화구가 여의주를 손에 꼭 쥔 용이 누워 있는 모습과 같다 하여 용눈이오름이라 부른다. 움푹 파인 자리에서 용이 잠을 자고 있었다고 하여 '용와악'이라고도 한다. 하얀 구두를 신은 예비 신부도 치맛단을 부여잡고 올라가 웨딩 사진을 촬영할 만큼 능선이 완만해 등산복 차림이 오히려 멋쩍을 정도다. 몸이 가벼운 어린아이

들은 폴짝폴짝 뛰어 올라가 금세 정상에 오른다. 가을날에는 다랑쉬오름이나 애기다랑쉬오름, 새별오름을 올라야 한다고들 하지만, 높은 가을 하늘 아래 매트를 펼치고 따뜻한 차에 몇 가지 간식거리를 곁들여 먹으며 책을 읽기에는 용눈이오름이 제격이다. 용눈이오름에 오르면 남동쪽으로는 성산일출봉과 우도가 보이고, 등을 돌리면 풍력발전소의 풍차가 힘차게 돌아간다. 저 멀리에는 작게 보이는 버스가 논과 숲을 지나다니며 사람들을 실어 나른다. 조금 전 내가 버스에서 내린 정류장인데 이곳에 올라와 내려다보니 한 폭의 그림 같은 풍경이다.

ADD 제주시 구좌읍 종달리 산28
PARKING 보유

여행 Tip

- 용눈이오름의 일몰과 일출은 장관이라 알려져 있다. 날씨가 안 좋거나 시간이 맞지 않아 보지 못했다면 김영갑갤러리 두모악에서 사진으로 감상해보자.
- 종달리에서 용눈이오름까지 가는 버스편이 생겨 더욱 편리하다. 간선 버스 210-1번이나 210-2번 승차 후 용눈이오름 정류장에서 하차하면 된다. 콜택시 이용 시 외곽이라는 이유로 미터기와 상관없이 편도 요금 15,000원 정도 지불해야 한다. 카카오택시를 이용하면 요금이 8,000원 정도 나온다.

종달리 02

종달리에서 가장 높은 곳

지미오름

ADD 제주시 구좌읍 종달리 산3-1
PARKING 보유

산에 오르기를 좋아한다면 우도와 마주해 있는 지미오름에 올라보자. 서쪽 한경면의 두모리를 '제주의 머리'라 부르는 것과 반대로 지미라는 이름에는 '제주의 끝', '섬의 꼬리', '땅끝'이라는 의미가 담겨 있다. 제주의 땅끝인 지미오름은 매일 하루의 시작을 알리는 일출 풍경으로 유명하다. 해마다 1월 1일이면 성산 일출봉, 서우봉 오름과 함께 해돋이 행사가 열린다.

원뿔 모양의 지미오름은 종달리 마을 어디에서나 보인다. 마치 종달리를 지켜주는 보안관 같달까. 골목길에서 사나운 개를 만나더라도 지미오름이 무섭게 혼을 내 보호해줄 것만 같다.

지미오름은 해발 165.8m의 높지 않은 기생화산이지만 오르는 길은 용눈이오름과 다르게 가파르다. 무릎이 좋지 않거나 경사가 심한 오르막길을 올라가는 데 자신이 없다면 멀리서 보는 것으로 만족하자. 사람들이 많이 찾는 오름이 아니라 나 홀로 여행자라면 추천하지 않는다.

종달리 03

우도가 눈앞에 보이는

해맞이 해안로

ADD 제주시 구좌읍 종달리 우도 도항선 대합실

올레길 한 코스를 다 걷는 게 체력적으로 부담된다면 종달리에서부터 우도가 보이는 동쪽을 향해 걸어보자. 제주의 올레길 중 마을과 산, 바다를 모두 둘러볼 수 있는 올레길 21코스의 메인 무대가 바로 종달리다. 우도행 배가 우렁차게 고동을 울리는 선착장 옆으로 작은 해수욕장과 바람에 나부끼는 야자나무가 어우러진 모습이 펼쳐진다. 하늘 높은 가을인데도 열대 나라에 온 듯 이국적인 풍경이다. 여름이 지난 해변가는 찾는 이가 없고 금능이나 협재, 월정리에 비해 알려져 있지 않아 따뜻한 바닷바람은 오롯이 내 몫이다. 해맞이 해안로는 차량이 많지 않아 자전거 타기 좋은 길로도 유명하고, 동쪽 끝에 위치해 일출을 감상하기에도 좋다. 맑은 가을날에는 "야호" 하고 소리치면 우도에서 "혼저 옵서예" 하고 대답할 것처럼 우도가 가깝게 보인다. 인적이 드무니 차나 자전거가 많이 다니는 길을 홀로 걸을 때는 안전에 유의하자.

종달리 04

정갈한 한 끼 밥상

순희밥상

ADD 제주시 구좌읍 종달로5길 38 TEL 064-783-3257
HOURS 11:30~20:00 CLOSED 일요일
PRICE 순희 정식(2인 이상) 7,000원, 성게미역국 정식 10,000원(카드 사용 불가)
PARKING 없음, 인근에 주차 가능

혼자 사는 사람들은 꼭 집밥이 아니더라도 소박하고 정갈하게 차려낸 밥상에 대한 그리움이 있다. 제주까지 가서 왜 가정식을 먹느냐는 사람들도 있지만 제주 사람들이 일상적으로 먹는 음식이야말로 진짜 제주 토속 음식이 아닐까. 제주로 시집온 순희 씨가 운영하는 종달리의 순희밥상은 바로 그런 일상의 제주 밥상을 차려내는 식당이다. 작은 칠판에 순희 정식과 성게미역국 정식, 소불고기 정식, 고등어구이나 조림 등 다섯 가지 메뉴가 적혀 있다. 순희 정식을 주문하면 잘 구운 생선과 양파를 듬뿍 넣은 구수한 된장찌개, 담백한 나물 반찬과 김치 등이 나온다. 이 집의 손맛이 느껴지는 음식을 먹다 보면 기분이 절로 좋아진다. 순희 정식은 단돈 7,000원으로 가격도 착하고 양도 푸짐하며 반찬이 매일 조금씩 달라진다. 단, 2인 이상 주문해야 한다. 카드 결제가 안 되니 현금을 준비해 가자.

종달리 05

늦었다고 끼니 거르지 마세요

종달리엔 심야식당

ADD 제주시 구좌읍 종달로5길 34 TEL 070-8849-1833
HOURS 17:00~24:00(주문 마감 23:00) ※3명까지 입장 가능, 미취학 아동 입장 불가
CLOSED 화~목요일
PRICE 가라아게 정식 12,000원, 스테키동 13,000원, 고로케 6,000원 PARKING 보유

커다란 식탁, 카운터 겸 주방 테이블, 싱크대와 냉장고, 가스레인지…. 일본 영화나 드라마에 나올 법한 주방 풍경이다.

이곳은 매일 메뉴가 조금씩 달라지는 일본 가정식 식당 겸 술집이다. 제주시라면 모를까 마을에는 저녁 8시 넘어서까지 장사하는 식당이 거의 없는데 오후 늦게 문을 열어 자정까지 영업하는 반가운 곳이다. 음식이 나오면 맛을 보기 전에 사진부터 찍어 인스타그램에 올리고 싶게 만드는 예쁜 플레이팅과 상차림 못지않은 음식 맛으로 입소문이 났다. 실내에는 8명 정도 앉을 수 있는 큰 테이블이 하나 놓여 있는데 혼자 와도, 둘이 와도, 셋이 와도 낯선 사람들과 같이 앉는다. 이곳의 대표 메뉴로는 스테키동과 가라아게 정식이 있고, 그 밖에 술 안주로 좋은 야키소바, 고로케, 바지락술찜 등이 있다. 혼자 가도 마음 편하게 먹고 마실 수 있는 분위기다. 주인에게 제주에 온 계기를 물었더니 뮤지션 에피톤 프로젝트의 노래 '유채꽃' 때문이라고 한다. 그래서인지 가게에서는 연신 에피톤 프로젝트의 노래가 흘러나온다.

종달리 06

종달리 1호 카페

카페 동네

ADD 제주시 구좌읍 종달로5길 23
TEL 070-8900-6621
HOURS 10:00~18:00
CLOSED 화요일
PRICE 당근 빙수 9,000원
PARKING 없음, 인근에 주차 가능

하굣길에 자기 몸집만 한 가방을 메고 골목길을 뛰어가는 아이들, 굴뚝을 타고 올라오는 밥 짓는 냄새, 밭에서 캔 당근을 싣고 가는 수레바퀴 소리…. 카페 동네에서는 종달리의 평화로운 마을 풍경이 한눈에 들어온다. 특히 가로로 긴 직사각형 모양의 창이 난 창가석이나 탁 트인 옥상 테라스는 마을 풍경을 감상하며 차를 마시기 좋다. 종달리가 위치한 구좌읍은 전국 당근 생산량의 70%를 차지하는 곳이다. 당근이 한창 무르익을 때는 온 들판이 당근잎으로 출렁여 바다 풍경 못지않다. 카페 동네의 대표 메뉴는 바로 이 당근으로 만든 당근 빙수. 당근만 갈아 그대로 얼린 게 아닐까 싶을 만큼 말간 주황빛의 당근 빙수는 빙질이 고와 입에 넣는 순간 사르르 녹아버린다. 호두를 토핑으로 올리는데 고소한 맛과 당근 향이 은근히 잘 어울려 숟가락을 놓기 어렵다.

종달리 07 

승희상회만 보이고

바다는 안 보여요

ADD 제주시 구좌읍 종달로5길 31-1
TEL 064-782-4518
HOURS 10:00~22:00
PRICE 100% 구좌 당근 주스 5,000원
PARKING 없음, 인근에 주차 가능

"제주도에서 카페를 하고 있어요."
"오, 정말? 축하해. 어디야? 바다는 보여?"
"바다는 안 보여요."
이름을 듣자마자 그 재치에 웃음이 나는 카페, 바다는 안 보여요는 이러한 사연으로 개업과 동시에 종달리의 명물이 되었다. 올레길을 걷다 지친 도보 여행자들에게 시원한 당근 주스와 든든한 브런치 메뉴로 환영받는 곳이다. 창밖으로는 바다 대신 마을의 작은 슈퍼 승희상회가 보인다. 실내에는 테이블이 넉넉하게 자리해 있어 조용히 쉬고 싶은 여행자들이 좋아할 만하다. 가게 한쪽에서는 소소한 기념품도 판매한다.

소심한 책방
29-6

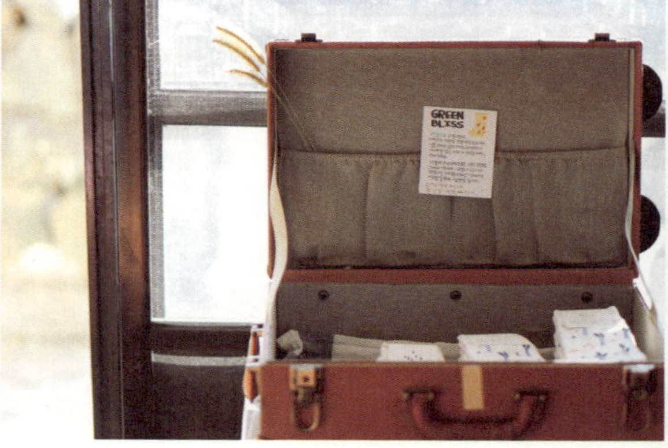
GREEN BLISS

종달리 08

놀이공원보다 흥미진진한 서점

소심한 책방

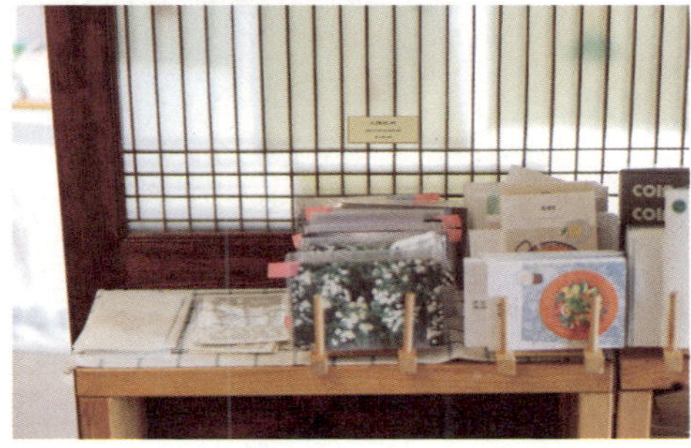

ADD 제주시 구좌읍 종달동길 29-6
TEL 070-8147-0848
HOURS 10:00~18:00
(점심시간 12:00~13:00)
CLOSED 비정기적
PARKING 보유
WEB sosimbook.com

제주 동쪽에서 책을 구입하려면 차를 타고 한 시간 이상 달려 제주시나 서귀포시로 나가야 한다. 소심한 책방은 제주 동쪽에 생긴 최초의 서점으로 종달리 주민들에게 큰 자랑거리다. 게다가 베스트셀러 작가 이병률 시인과 감성 뮤지션 에피톤 프로젝트를 초빙해 북 콘서트를 진행하기도 한다. 이렇게 종달리 주민들에게 자부심을 안겨준 소심한 책방은 1인 출판사 '밑줄' 대표이자 편집장이 제주에서 가장 오래되고 가장 작은 서점이 되기를 바라는 마음으로 차렸다. 대부분의 독립 서점과 마찬가지로 소심한 책방도 주인장의 지극히 개인적인 취향을 반영한 책들로 서가를 꾸렸다. 다행인 점은 취향의 폭이 꽤나 넓은지 대형 서점에서나 볼 법한 인기 서적도 갖추고 있다는 것이다. 서가에 꽂힌 몇몇 책에는 주인장의 추천 도서 메모가 꽂혀 있다. 제주 특산품과 문구 등도 판매하며, 잠깐 쉬어 갈 수 있는 소파도 마련돼 있다.

종달리 09

데려가고 싶은 공간

오브젝트 늘

ADD 제주시 구좌읍 종달로5길 32
HOURS 보통 금~일요일 낮
CLOSED 월~목요일
PRICE 은반지 7,000부터
PARKING 없음, 인근에 주차 가능
WEB www.instergram.com/object.neul

여행하면서 마음에 드는 공간을 발견하는 일은 여행의 큰 즐거움 중 하나다. 종달리 주도로에 자리한 은 공예 공방 오브젝트 늘도 나만의 리스트에 추가하고 싶은 곳이다. 진한 차콜색 시멘트 바닥에 빈티지한 나무 테이블, 구릿빛과 금빛의 장식 소품, 높다란 초와 큰 거울, 트로피컬한 감성의 화분까지, 얼핏 보면 공방이라기보다는 명품 편집숍이나 고가의 에스테틱 숍 같은 곳이다. 객지에서 미술을 가르치다 제주도로 내려온 주인은 자신의 전공을 살려 은 공방을 열었다. 지인들에게 도움을 요청해가며 바닥부터 테이블까지 모두 자신이 인테리어했다. 이곳에서는 주인이 직접 만든 반지, 팔찌, 목걸이 등 은 제품을 판매하며 이니셜 반지도 만들어준다. 은반지는 틀을 사용하지 않고 작업하기 때문에 모양은 비슷해도 똑같은 반지는 하나도 없다고 한다. 문 여는 시간은 정해져 있지 않지만 보통 낮에만 열어둔다. 방문 전 인스타그램을 참고해 오픈 시간을 확인하자.

종달리 10

남다른 센스가 엿보이는

동촌하우스

ADD 제주시 구좌읍 종달논길 61-4
TEL 010-5540-6286
HOURS 체크인 17:00, 체크아웃 10:00
PRICE 비수기 10만 원, 성수기 12만 원(조식 포함)
PARKING 보유
WEB dongchonhouse.com

발랄한 소녀 같은 아내와 밤마다 심야 빵집을 여는 남편, 동갑내기 부부가 이곳 마당에서 결혼식을 치른 후 운영하기 시작한 게스트하우스다. 주인 가족이 사는 안채와 4개의 방으로 이루어진 본채, 아침 식사를 할 수 있는 레스토랑까지 총 세 동으로 구성돼 있다. 객실은 성산일출봉을 파노라마로 즐길 수 있도록 긴 액자 모양으로 창을 낸 데다 하얀 침구, 건식 샤워실과 어메니티가 호텔 못지않다. 그런데 요금은 호텔보다 훨씬 저렴하다. 또 투숙객이 체크인할 때 웰컴 티를 제공하는데, 레스토랑에서 티포트를 골라 원하는 차를 마실 수 있다.

동촌하우스의 남다른 재미라면 아침에 성산일출봉에서 솟아오르는 해를 감상하는 것과 전날 묵고 간 손님이 남긴 선물을 구경하는 것이다. 이름도 얼굴도 모르는 다음 투숙객을 위해 전날 묵은 투숙객이 서랍장에 선물과 릴레이 방명록을 남기고 가는 것이 동촌하우스의 전통이다. 동촌하우스를 찾는 투숙객 중에는 30~40대가 많으며, 혼자서 며칠씩 묵는 남다른 감수성의 남성 여행객도 종종 있다고 한다. 또 특이한 점은 출산을 앞두고 태교 여행을 온 산모들도 많이 묵는다고 한다.

샌드위치, 샐러드, 파네 수프, 디저트, 주스까지 조식도 푸짐하게 차려주는데 여자 혼자 먹기에는 좀 과하다 싶을 정도로 양이 많다. 미처 다 먹지 못한 경우 포장해주기도 한다. 매일 밤 8~10시에는 심야 빵집을 연다. 주인장이 직접 구운 다양한 종류의 크루아상을 맛볼 수 있다. 이곳에서 최근 인근에 동촌루독채하우스를 오픈했다.

여행 Tip

• 절물자연휴양림에 간다고 하면 피크닉 매트와 가방을 챙겨준다. 주인 부부의 경험에서 비롯된 서비스다.

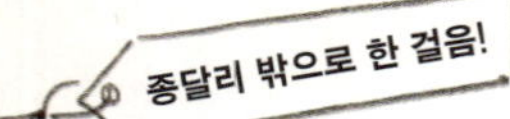

+

아무것도 하지 않아도 좋을 자유

우도

ADD 제주시 우도면
TEL 064-782-5671
PRICE 성인 왕복 뱃삯 5,500원
PARKING 보유
ACCESS 성산포항 여객 터미널에서 우도행 배 승선(30분 간격으로 운항, 편도 15분 소요)
첫 배 우도발 07:30, 성산발 08:00
마지막 배
11~2월 우도발 17:00, 성산발 17:20,
3·10월 우도발 17:30, 성산발 17:50,
4·9월 우도발 18:00, 성산발 18:20,
5~8월 우도발 18:00, 성산발 18:50

제주 주변의 여러 섬처럼 화산활동으로 생성된 우도를 종달리에서 바라보니 이름 그대로 초원 위에 누운 소를 닮았다. 성산항에서 배로 15분 남짓, 손 뻗으면 잡힐 듯한 곳에 자리한 우도는 제주에서 꼭 가봐야 할 여행지다. 거친 파도에 갑판으로 나서기도 겁나는 가파도행과 비교하니 우도행은 마냥 얌전한 소녀 같다. 우도항에 내리면 렌터카, 자전거, 전기 자동차, 오토바이 등 섬 내에서 이동할 수 있는 탈것들이 즐비하다.
우도는 작은 섬이지만 볼거리가 풍부하다. 칠흑 같은 검은 모래와 기암절벽이 장관을 이루는 검멀레 해변, 해발 132m의 얕은 언덕 우도오름, 코발트빛 바다를 품은 하고수동해수욕장, 우도보다 더 작은 섬 비양도를 비롯해 돌담 너머의 모든 풍경이 아름다운 섬이다. 특히 서빈백사를 빼놓을 수 없는데 서쪽에 있는 하얀 모래사장이라는 데에서 이름 붙었다. 이곳엔 홍조단괴가 많은데, 홍조단괴란 바닷속에 사는 홍조류가 파도에 밀려와 복잡한 과정을 거치면서 돌멩이처럼 딱딱하게 굳어 모래와 섞인 것이다. 그 때문에 홍조단괴 해빈 해수욕장이라고도 한다. 보통은 여행객이 우르르 몰려왔다가 인증 사진을 찍고 바로 근처 식당가로 향하기 때문에 약간의 인내심과 시간적 여유만 있다면 나 혼자 온전히 하얀 해변을 독차지할 수 있다. 백사장 위로 자란 풀 틈에서 이름 모를 보랏빛 꽃이 바람에 흔들리고, 근처 마을 길에는 양귀비가 붉게 물들어간다.

여행 Tip

- 서빈백사의 홍조단괴를 우도 밖으로 가지고 나가는 것은 금지되어 있다.
- 소설 〈빨강머리 앤〉을 테마로 한 숍 & 수제 버거 전문점 '빨간머리 앤의 집'에 들러도 좋다.
- 우도 명물인 땅콩을 얹은 아이스크림도 우도를 즐기는 재미 중 하나다.
- 안개 때문에 성산항에서 배의 출항이 지연된다면 밖으로 나가지 말고 대합실에서 기다리자. 다음 출항 시간 전이라도 안개만 걷히면 바로 출발하는 경우가 있다.

+

6월의 꽃놀이

종달리 수국 해안 도로

ADD 제주시 구좌읍 해맞이해안로 2196
ACCESS 종달리 해안에서 하도리로 이어지는 방면

6월의 제주는 수국으로 들뜬다. 제주 절물자연휴양림의 산수국, 휴애리와 카멜리아힐을 수놓은 수국, 길가 여기저기 탐스럽게 피어난 색색의 수국은 제주의 여름을 더욱 청명하고 화려하게 만든다. 제주의 많은 수국 명소 중 최고로 꼽히는 곳은 종달리 수국 해안 도로다. 종달리에서 하도리로 이어지는 2차선 해안 도로를 사이에 두고 수국이 서로 마주하고 있다. 꽃을 따라 걸으면 족히 20분 정도 걸리는 거리다. 작게 핀 수국은 어린아이 키만 하고, 크게 핀 수국은 소녀 키만 하다. 우뚝 솟은 수국 가지에 수국꽃이 풍선처럼 매달려 있다. 수국길 옆으로는 제주 서쪽 바다가 파도에 일렁인다. 커다란 수국 가지에 안기듯 마주 서니 향긋한 꽃향기와 풀 냄새, 시원한 바다 냄새가 함께 몸속으로 들어온다. 어릴 적 만화영화에서 본 꽃의 요정으로 변신할 것만 같다. 설레는 마음에 평소에는 하지 않는 포즈에 말간 표정도 지어본다. 도로 가에 핀 수국꽃 너머의 황무지에는 들꽃이 하늘하늘 펼쳐지고, 하도리와 인접한 작은 메밀밭에는 하얀 메밀꽃이 소담스럽게 피어 꽃 잔치가 벌어진다.

여행 Tip

- 커브 길의 해안 도로이기 때문에 길을 건너거나 사진을 찍을 때 차가 오는지 잘 살펴야 한다.
- 대중교통으로는 이동이 힘들다. 버스 이용 시 종달초등학교에서 하차한 후 콜택시를 이용하는 것이 좋다. 단, 콜택시를 오래 기다려야 할 수도 있으니 종달리 마을에서 전동 킥보드나 자전거를 대여해 이용하는 것도 방법이다.
- 수국꽃이 필 무렵부터 유독 제주에 비구름이 잦아진다. 투명한 우산을 준비해 가서 수국꽃을 배경으로 사진을 찍어보자.

+

모든 오름의 기록

김영갑갤러리 두모악

ADD 서귀포시 성산읍 삼달로 137
TEL 064-784-9907
HOURS 09:30~18:00 (7~8월 ~19:00, 11~2월 ~17:00)
CLOSED 수요일, 1월 1일, 설날·추석 당일
PRICE 성인 3,000원
PARKING 보유
ACCESS 종달초등학교 정류장에서 간선 버스 201-1번 승차 후 성산항 정류장 하차. 지선 버스 722-1번이나 722-2번으로 환승해 김영갑갤러리 두모악 정류장 하차

남자는 뭍에서 태어나 섬으로 왔다. 연고 하나 없는 그곳에서 커다란 카메라를 메고 오름에 올랐다. 따뜻한 해가 뜨는 봄부터 가을이 겨울로 변하는 계절의 시린 아침에도 올랐다. 창공이 열려 온 섬이 황금색으로 빛나던 어느 날에도, 억수 같은 비가 내리던 어느 날에도 올랐다. 그의 이름은 김영갑. 20대 후반부터 생을 마감한 그날까지 제주의 수많은 오름을 사진에 담아낸 작가다.

한라산의 옛 지명인 두모악에서 이름을 빌린 김영갑갤러리 두모악 건물은 원래 삼달초등학교 교사였다. 작가가 2002년 루게릭병으로 3년의 시한부 선고를 받은 후 굳어가는 몸을 이끌고 전시 공간으로 만들었다. 전시관 앞 운동장에는 현무암으로 만든 조각 작품이 자리해 있고, 여름이면 산수국이 활짝 핀다. 전시관 내에는 작가가 생전에 사용한 카메라를 비롯한 장비가 놓인 유품실과 제주의 바람, 비, 눈, 바다, 초원, 오름, 사람을 담아낸 사진이 전시된 갤러리가 있다. 전시관을 둘러보기 전에 작가의 인터뷰 영상을 먼저 보길 권한다. 편치 않은 몸으로 폐교를 갤러리로 만들고, 매일 오름에 올라 카메라 앵글에 아름다운 풍경을 담는 모습을 볼 수 있다. 생의 마지막 순간까지 카메라를 놓지 않았던 작가의 열정과 쓸쓸함이 동시에 느껴진다. 방명록에는 방문자들의 벅찬 감정이 기록되어 있다. 누군가는 지난날에 대한 반성을, 누군가는 감동을, 누군가는 감사의 메시지를 적어두었다. 전시관 뒤편에는 무인 카페가 있어 편하게 머물다 갈 수 있다. 인터뷰 영상에서 왜 힘들게 이런 외진 곳에 갤러리를 만드냐는 질문에 '어디에 있어도 올 사람은 오고, 오지 않을 사람은 오지 않는다'던 작가의 대답이 머릿속을 맴돈다.

4

보랏빛 히아신스를 닮은 마을

세화리와 하도리

SE HWA RI & HA DO RI

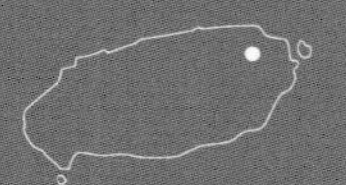

여행 Tip

• 세화리와 하도리는 세화민속오일시장 생활권에 속하며 서로 인접해 있어 도보로 이동이 가능하다.
• 세화민속오일시장은 매달 5일, 10일, 15일, 20일, 25일, 30일에 선다.

대중교통

• 세화리 제주공항에서 급행 버스 101번 승차 후 세화리 정류장 하차
• 하도리 제주공항에서 급행 버스 101번 승차 후 세화리 정류장 하차, 간선 버스 201-1번으로 환승해 하도리 면수동 정류장 하차

고요한 마을이 기분 좋게 들썩이는 때는 언제일까? 사람들의 품이 많이 필요한 세시 풍속이나 마을 체육대회, 마을 웃어른의 생일잔치, 지역 축제나 행사 등이 떠오를 것이다. 이렇게 손꼽을 만한 행사가 아니더라도 마을이 시끌시끌할 때가 있는데 바로 오일장이 서는 날이다. 평소에는 우아하리만치 고요한 세화리와 하도리도 세화민속오일시장이 서는 날이면 활기가 넘친다. 다채로운 먹거리와 식재료, 화려한 문양의 몸뻬, 커다란 붉은색 고무 대야, 색색의 바가지가 펼쳐지고 칼 가는 소리마저 경쾌하다. 그런데 언제부턴가 오일장이 서는 날이 아닌데도 세화의 방파제 쪽이 소란하더니 하도리까지 들썩인다.

느지막이 일어나 브런치 먹기 좋은 토요일 오전 11시. 인기척도 없던 해안 도로에 색색의 파라솔이 펼쳐지고 전국에서 우르르 몰려온 사람들로 분주하다. 이곳에 파라솔을 펼친 사람들은 제주 전역의 재주꾼들이다. 런던이나 파리, 뉴욕, 방콕 등 세계적인 관광도시에서 활약하는 이들에게 결코 뒤지지 않는 재능과 제주에 남다른 애정을 가진 사람들이다. 요리 솜씨가 좋은 이들은 쿠키를 굽거나 잼을 만들고, 손재주가 좋은 이들은 도자기를 빚거나 실을 꼬아 만든 제품을 내놓는다. 후각이 남다른 이들은 초에 향을 섞어 바다 냄새와 숲 향기를 더한다. 각자 재능은 다르지만 이들이 선택한 오브제는 하나, 제주다. 한라산과 동백, 감귤, 선인장, 돌고래 등 제주를 상징하는 오브제에 작가들의 솜씨와 상상력을 더해 갖가지 상품으로 선보인다.

제주의 새로운 여행 트렌드인 플리마켓 열풍이 바로 세화리와 하도리에서 시작되어 민들레 홀씨처럼 섬 곳곳으로 퍼져나갔다. 평소 세화리와 하도리의 모습은 히아신스의 밑동처럼 눈에 띄지 않는 평범한 마을이지만 플리마켓이 열리는 날이면 구근 위로 활짝 핀 보라색 꽃처럼 신비롭고 아름다운 동네로 피어난다. 꽃이 된 동네를 여행하자니 하얀 나비가 된 것만 같다.

세화리와 하도리 01

제주의 평안을 지키는

별방진

ADD 제주시 구좌읍 하도리 3354
TEL 064-710-3314
PARKING 하도포구 주차장

포구로부터 불어온 세찬 바람이 높다란 돌 담벼락으로 자꾸 등을 떠민다. 집을 짓고, 밭을 구분하고, 어장을 만드는 데 쓰는 투박한 제주의 여느 돌담과는 달리 높다랗고 정교한 사각형 모양새가 순천의 낙안읍성이나 수원의 화성과 닮아 있다. 이 돌담의 이름은 별방진이다. 1510년(중종 5) 왜선이 우도 근처에 정박하자 당시 제주 목사 장림이 김녕의 방호소(防護所)를 옮겨 제주를 지키기 위해 쌓은 성곽이다. 하도리의 본래 이름이 '별방'인 이유가 여기에 있다.

제주의 성곽 중 가장 보존이 잘되어 있다는 별방진의 좁은 계단을 올랐다. 돌담은 제주 어디에서나 흔하지만 돌담 성곽은 처음인 터라 색다른 풍경에 마음을 빼앗겼다. 묘하게 들뜬 기분으로 바다를 바라보니 포구 너머로 수평선이 펼쳐져 있다. 밤이면 하늘의 모든 별이 바다에 전부 비칠 것만 같다. 별방진 안쪽을 살펴보니 양배추밭과 주민들이 사는 집이 모여 있는 구역이 작은 돌담으로 구분되어 있다. 이른 아침에 온 덕분인지 밥 짓는 냄새가 하얀 연기를 타고 흩어진다. 백구는 낯선 손님을 보고는 흔들던 꼬리도 멈춘 채 귀를 쫑긋 세우고 포졸처럼 긴장을 늦추지 않는다. 작은 마당에 걸린 빨랫줄과 농기구에 세상의 모든 평안이 묻어 있는 듯하다.

여행 Tip

- 성곽 안쪽에는 실제 주민들이 생활하는 마을이 있으니 조용히 둘러보자.
- 바람이 거세게 부는 날은 낙상 위험이 있으니 올라가지 말자.

세화리와 하도리 02

제주의 모든 솜씨

벨롱장

ADD 제주시 구좌읍 세화리 1500-63
HOURS 비정기적, 토요일 11:00~13:00
CLOSED 우천 시, 세화민속오일시장 서는 날
PARKING 없음, 세화민속오일시장 주차장 이용 가능
WEB cafe.naver.com/vellong

제주 곳곳의 공방을 다 둘러보는 것은 쉬운 일이 아니지만 봄, 여름, 가을 벨롱장이 열리는 주말에 세화리에 간다면 꽤 수월한 일이 된다. 세화 해변의 카페 공작소에서 세화리 이주민들이 함께 소규모로 장을 열다가 여행객들에게 소문이 나면서 세화리를 넘어 제주의 주요한 행사가 되었다. 제주 플리마켓의 역사는 벨롱장 이전과 이후로 나뉜다 해도 과언이 아닐 만큼 벨롱장은 제주 플리마켓의 열풍을 이끈 주역이다.

'벨롱'은 제주 사투리로 '불빛이 멀리서 번쩍이는 모양'이라는 뜻인데, 오전 11시부터 오후 1시까지 잠깐 동안 열리는 장이라 해서 이름 붙었다. 장이 서면 제주의 해녀, 바다, 한라산, 꽃, 과일 등을 테마로 한 장식품부터 세련되고 독특한 가방과 액세서리, 수제 쿠키와 잼, 더치 커피 등 기념품과 먹거리가 풍성하다. 또 인디 밴드 공연도 열려 구경하는 데만도 두 시간이 훌쩍 지나간다. 벨롱장은 해안 도로에서 매주 토요일에 여는데 세화민속오일시장(5일, 10일, 15일, 20일, 25일, 30일)과 날짜가 겹치는 경우에는 시장 상인들을 위해 운영하지 않는다.

여행 Tip

- 벨롱장은 날씨가 좋지 않은 날이나 겨울철에는 운영하지 않는다.
- 토요일마다 정기적으로 여는 게 아니다. 또 야시장, 해녀 축제 참여 등 다양한 형태로도 열리니 벨롱장 카페와 SNS 채널을 눈여겨보자.

> **여행 Tip**
> - AI 창궐 시 접근이 제한될 수 있다.
> - 대중교통으로는 이동이 어려우니 택시를 이용하자.

제주에서 가장 특별한 해변

하도리 갈대 습지와 철새 도래지

ADD 제주시 구좌읍 하도리 53-25
TEL 064-710-3314
PARKING 없음, 인근에 주차 가능

가을 제주의 아름다움은 오름의 억새에만 있는 것이 아니다. 하도리 바닷가에 형성된 습지의 갈대밭은 오름의 억새보다 희귀해서 더 소중한 가을 풍경을 연출한다. 흔히 억새를 갈대와 혼동하는 경우가 많은데 둘은 엄연히 다르다. 억새는 산이나 들에 피어 은빛 물결을 이루고, 물가에서 자라는 갈대는 갈색의 기다란 잎사귀가 바람에 흔들리는 멋이 있다. 하도리는 갈대 덕분에 다양한 생명체를 품고 있다. 바닷물과 민물이 만나는 갈대밭에는 풍부한 미생물과 새우, 게, 조개, 숭어, 검정말둑이 산다. 그 위로 갈대가 우뚝 자라 겨울바람을 막아주니 멀리서 날아온 배고픈 철새들이 머물지 않을 수 없다. 겨울 철새는 하도리에서 긴 휴가를 보낸다. 밤바람에 흔들리는 갈대의 연주를 반주 삼아 새들의 노래와 습지 생물들의 숨소리가 합창을 이룬다. 별과 함께 조용히 자연의 노래를 감상하다 보면 구름은 지나가고 밤이 깊어간다.

세화리와 하도리 04

토끼섬과 마주하고 있는

하도 포구

ADD 제주시 구좌읍 하도리 3354
PARKING 보유

하도에서 별보다 빛나는 곳을 찾으라면 단연 하도 포구다. 시퍼런 바다를 배경으로 항구에 하얗게 쓰인 'HADO'라는 알파벳 네 글자가 아침 햇살에 눈부시다. 그저 지명일 뿐인데 미사여구 하나 없는 글자에 괜시리 마음이 뛴다. 알파벳을 외워 처음 영어로 썼던 내 이름처럼 신기하다. 작은 항구와 푸른 바다, 세찬 바람이 더해져 휴대폰으로 사진을 찍어도 프로 사진가 솜씨 못지않게 멋지다. 버스로는 이동이 불편하니 택시를 이용하는 것이 좋다.

세화리와 하도리 05

알면 알수록 위대한 해녀의 생애

해녀박물관

ADD 제주시 구좌읍 해녀박물관길 26
TEL 064-782-9898
HOURS 09:00~18:00
(매표 마감 17:00)
CLOSED 첫째 · 셋째 주 월요일
PRICE 성인(25~64세) 1,100원, 청소년(13~24세) 500원
PARKING 보유

제주 해녀들은 아이를 낳고 사흘 만에 물질을 하러 나가고, 관아의 수탈을 피해 육지로 간 남자를 대신해 가족의 생계를 책임졌다. 또 임금에게 진상을 올리는 등 백성으로서의 몫을 해냈으며, 일제강점기에는 항일운동까지 한 위대한 여성들이다. 혼백상자를 등에 진 채 죽음의 위험을 무릅쓰고 바닷속으로 뛰어든 해녀의 역사가 수백 년이 된다.

2016년 11월 해녀 문화가 유네스코 인류문화유산으로 선정되었다는 소식을 접했다. 제주와 관련된 책을 읽으며 해녀의 강인함에 반했던 터라 제주에서 만나는 모든 해녀들에게 존경하는 마음을 담아 인사를 건넸다. 취재를 이유로 제주 문화를 공부하지 않았더라면 해녀박물관은 가지 않았을지도 모른다. 사시사철 지역마다 열리는 축제나 성의 없는 행사처럼 지역색 짙은 구색 맞추기용 박물관에 많이 실망한 터였기 때문이다.

해녀박물관은 그런 우려와 달리 제법 큰 규모에 전문성을 갖춘 곳으로 3개의 전시실과 1개의 체험관으로 이루어져 있었다. 제1전시실에서는 해녀의 집과 세간을 통해 해녀의 살림살이를 살펴볼 수 있으며, 옷, 애기구덕, 물허벅, 지세항아리 등 고단한 해녀의 삶을 말해주는 유물을 전시하고 있다. 제2전시실에는 해녀의 역사와 항일운동에 관한 각종 사진과 영상 자료가 있으며, 제3전시실에는 해녀들의 생애를 전시하고 있다. 어린이 해녀관은 어린이들이 제주 해녀와 관련한 놀이기구를 가지고 놀 수 있는 체험관으로 꾸몄다. 물질을 하며 아이를 기르고 한 집안의 가장 몫까지 한 여성으로서의 애환이 담긴 영상은 감동적이었다. 마지막에 흘러나오는 민요 '이어도 사나'를 들으니 주책맞게 눈물이 터져 나왔다. 해녀박물관에는 제주 해녀의 옷이며 도구, 사진 등 대부분의 전시품이 재현물보다는 기증품이 많아 구성이 더욱 알차고 생생하다.

여행 Tip

- 제주 곳곳의 상가나 회관 등의 건물에 '잠녀'라고 적힌 것은 해녀를 의미한다.
- 해녀박물관 가장 위층의 전망대는 제주의 웬만한 카페보다도 멋진 풍광을 보여주는 숨은 명소다.

세화리와 하도리 06

하도리 주민이 추천하는 회덮밥

일미도

ADD 제주시 구좌읍 면수길 52-1
TEL 064-784-1788
HOURS 10:00~21:30 CLOSED 둘째 · 셋째 주 수요일
PRICE 회덮밥 8,000원 PARKING 보유

하도리 갈대 습지에서 시간을 보내고 숙소로 돌아오니 밖은 어스름하고 허기가 밀려온다. 숙소에서 자신있게 추천하는 음식점 리스트에는 대부분 한 번쯤 이름을 들어본 유명한 맛집들이 적혀 있다. 그중 내가 선택한 곳은 한 번도 이름을 들어본 적 없는, '현지 사람들이 즐겨 찾는다'는 가장 믿음직한 수식어가 붙은 일미도다. 이곳은 하도리 면수동에서 몇 안 되는 식당 중 한 곳이다. 회 한 접시 먹기가 부담스러운 나홀로 여행자들이 선택하기 좋은 회덮밥이 있어 반가운 식당이다. 제주스럽다거나 특별한 메뉴는 없지만 가격이 비싸지 않고, 주인이 친절하다. 숙소에서 소개한 대로 여행객보다는 인근 마을 사람들이 지인을 대접하려고 함께 오는 단골 식당이다. 이곳에서 쫀득한 생선 회와 상추를 듬뿍 넣은 회덮밥 한 그릇을 비벼 먹으며 여행의 고단함을 덜어내자.

세화리와 하도리 07

세화리에서 '혼밥'하기 좋은 맛집

재연식당

ADD 제주시 구좌읍 세화1길 20-30 TEL 064-783-5481
HOURS 10:00~21:00 CLOSED 일요일
PRICE 갈치 정식 13,000원, 옥돔 정식 15,000원
PARKING 없음, 세화민속오일시장 주차장 이용 가능

아빠와 아들 단둘이 찾아와 엄마의 잔소리를 흉보며 의리를 쌓고, 남편 혼자 와서 옥돔 정식을 먹다가 아내 생각이 나 옥돔 고르는 법을 묻고 가는 동네 식당이다. 전부 4인용 테이블뿐인 데다 기다리는 손님도 많지만, 혼자 와서 가장 저렴한 정식 메뉴를 시켜도 기꺼이 맞이해줘 일명 '세화리 혼밥 맛집'으로 입소문이 났다. 대표 메뉴는 제주산 갈치를 속살까지 촉촉하게 구워주는 갈치 정식. 아이 손바닥만 한 갈치 세 토막을 식용유에 튀기듯 구워낸다. 반찬은 약간 짭짤하지만 생선은 간이 심심해 밥 한 공기가 뚝딱이다. 특히 놀랄 만한 점은 보통 단일 메뉴로 파는 제육볶음이 갈치 정식에 곁들여 나온다는 것. 고기도 생선도 포기할 수 없는 이들에게 이보다 더 좋은 선택은 없다.

여행 Tip
• 갈치 정식과 옥돔 정식은 산지 시가에 따라 가격이 종종 변동된다.

세화리와 하도리 08

사진 찍기 좋은 예쁜 카페

카페 공작소

ADD 제주시 구좌읍 해맞이해안로 1446
TEL 070-4548-0752
HOURS 08:00~21:00
PRICE 커피 4,000~5,500원, 한라봉 에이드 6,000원
PARKING 없음, 인근 도로변에 주차 가능

남다른 감성으로 SNS에서 세화 해변을 '인생 사진 스폿'으로 알린 카페 공작소. 세화 해변과 제주를 테마로 한 향초, 엽서 등의 기념품을 판매해 많은 여행객들이 일상으로 돌아가 제주를 추억할 수 있도록 한다. 무엇보다 이곳 주인은 벨롱장을 이끈 주역으로 세화 해안가에 제주의 모든 재주꾼들이 모이도록 만들었다. 높은 인기에도 불구하고 변함없는 맛을 유지하며 조용한 카페로 남기 위해 아이들의 방문을 정중히 거절하는 주인장의 소신이 대단하다. 카페 공작소 2호인 안녕세화씨가 10분 거리에 있다.

세화리와 하도리 09

토끼섬을 즐기는 카페

토끼썸

ADD 제주시 구좌읍 해맞이해안로 1860
TEL 010-2012-5331
HOURS 10:00~(마감 시간은 유동적)
CLOSED 화요일
PRICE 음료 3,500~8,000원
PARKING 보유

하도리 앞바다에는 밀물 때만 들어갈 수 있는 토끼섬이 있다. 물이 빠지면 바닷길이 열려 걸어서 갈 수 있는 섬이다. 유명 관광지도, 여행지도 아니다 보니 물때를 맞춰 가기가 어렵다. 토끼섬은 우리나라 유일의 문주란 자생지로 문주란은 한여름에만 꽃을 피우는데 꽃이 하얀 토끼와 같다 해서 토끼섬이라 이름 붙여졌다. 문주란을 보고 싶은 사람들은 토끼섬과 마주한 카페 토끼썸에 모여 바닷길이 드러나길 기다린다. 근처에 기다릴 만한 곳은 토끼썸뿐이라 이곳에서 기다리는 사람이 많다.

토끼썸은 하도리의 세찬 바람을 즐기는 듯 건물 위에 돛처럼 큰 천을 두르고, 멀리 토끼섬과 제주 동쪽 바다를 여유 있게 바라볼 수 있도록 테라스에 노천 의자를 두었다. 이 의자에 앉아 하도리의 시퍼런 바다를 감상하다 보면 밀물에 맞춰 바닷길이 열리는 모습이 파노라마처럼 펼쳐진다. 이곳에서 펜션 하도리 일번지도 함께 운영한다.

16
Watermelon
ROLLER SKATE
킹스롤러 스케이트

세화리와 하도리 10

어른들을 위한 문방구

여름문구사

ADD 제주시 구좌읍 구좌로 77
TEL 010-2600-9447
HOURS 11:00~18:00
CLOSED 월요일
PARKING 없음, 인근에 주차 가능

학창 시절 '집으로 가는 길에 문구점에서 얼린 복숭아 맛 음료수 하나 사 먹어야지' 하고 생각했던 추억의 문방구가 누구에게나 존재한다. 다 큰 성인이 되어서도 문방구 앞 뽑기 기계에서 갖고 싶은 아이템을 뽑기 위해 기계를 마구 흔들던 기억이나 부탄가스 불에 익혀 먹던 딱딱한 문어 다리의 추억에 이끌려 이따금 문방구에 들어서기도 한다. 세화에는 그런 어른들을 위한 문방구가 있다. 어린 시절 추억을 떠올리게 하는 장난감과 불량 식품, 제주를 오브제로 한 선인장 소주잔과 색색의 머들러 등 트렌디한 아이템을 한데 모아놓고 파는 여름문구사다. 입구부터 1970년대 구멍가게를 연상케 하고, 빈티지한 아이템이 많아 정겨우며 낭만적인 분위기가 흐른다. 근처 초등학교 아이들은 여행객과는 차원이 다른 단골손님이다. 주인을 이모라 부르며 용돈을 모을 때까지 팔지 말아달라는 아이들의 귀여운 부탁에 아이보다 더 천진한 감성의 주인은 다른 손님들 눈에 띄지 않게 구석에 물건을 숨겨두는 센스를 발휘한다.

세화리와 하도리 11

세상의 모든 아침 식사

그리고 세화

ADD 제주시 구좌읍 구좌로 149-9
TEL 010-3997-5172
HOURS 체크인 17:00, 체크아웃 10:00
PRICE 1인실 40,000원, 도미토리 2인실 30,000원, 4인실 25,000원(조식 포함)
PARKING 보유
WEB blog.naver.com/satyr334

하도리 마을 한가운데에 자리한 게스트하우스다. 1인실과 도미토리, 가족실을 두루 갖추었으며 라운지와 본채, 별채 세 동으로 나뉘어 있다. 평소 아침 식사를 거르는 이들도 이곳에서는 한술 뜨지 않을 수 없다. 이 숙소에서만 맛볼 수 있는, 매일 바뀌는 세계의 가정식 때문이다. 제주 서쪽 한경면에 터를 잡은 제주 이민자들도 식사를 하기 위해 동쪽에 자리한 이곳을 찾아올 정도라고 한다. 돼지고기를 부드럽게 익힌 중국요리인 동파육이나 올리브 향 가득한 스페인 요리, 이탈리아 요리가 조식으로 차려진다. '오늘 아침 식탁에서는 어떤 나라로 여행을 떠나게 될까?' 하는 기대감으로 늦잠을 잘 수가 없다. 특별한 조식을 차려주는 이는 주인 부부. 이들은 본래 숙소에서 함께 거주했으나 밤이면 불빛도 잘 보이지 않는 마을에서 아이를 키우는 것이 쉬운 일은 아니어서 스태프들에게 숙소를 맡겨두고 매일 오가며 숙소를 정비한다.

조식만큼이나 이곳에서 매력적인 것은 아침 산책 코스다. 제주 올레길을 완주한 청년 스태프가 만든 일종의 여행 프로그램으로, 선착순으로 신청을 받아 숙소에서 가까운 곳으로 산책을 떠난다. 비가 추적추적 내리는 토요일 아침의 산책 코스는 비자림이었다. 비가 내리는 숲은 더 향기롭고, 초록 빛깔이 더욱 짙어진다. 하늘이 개면 비자나무 가지 사이로 비치는 햇빛이 장관이라는데, 누구나 볼 수 있는 풍경은 아니니 그날의 운에 맡겨보자.

여행 Tip

• 최근 타파스 타임을 운영하기 시작했다. 음료(술 포함)와 함께 스페인 핑거 푸드인 타파스를 즐기며 다른 여행객들과 담소를 나눌 수 있다. 따로 신청해야 하며 참가비는 10,000원.

+

달리고 달려도 끝없는 해변

표선해수욕장

ADD 서귀포시 표선면 표선리
TEL 064-760-4476
PARKING 보유
ACCESS 제주공항에서 급행 버스 101번 승차 후 표선리 제주은행 정류장 하차, 간선 버스 201-5번으로 환승해 표선초등학교 정류장 하차

한쪽 끝에서 반대쪽 끝까지 조금만 걸으면 다다르는 여느 해변과 달리 제주 동쪽에 자리한 표선해수욕장은 숨을 헐떡이며 달려도 꽤 가야 할 만큼 모래사장이 길다. 마치 콘서트장의 제일 저렴한 2층 끝자리쯤에서 내려다보는 무대 위 가수처럼 반대편 해변의 사람들이 개미만 하게 보인다.

제주에서 가장 큰 해수욕장으로 모래사장이 무려 8만여 평에 달해 3대에 이르는 대가족이 몰려와도 충분히 여유로움을 느낄 수 있는 곳이다. 어린아이가 폴짝폴짝 뛰어다니다 넘어져도 괜찮을 만큼 푹신한 모래사장이 펼쳐져 있다. 기운이 남다른 젊은 배낭여행객은 배낭을 내팽개치고 바다에 풍덩 뛰어든다. 물에 뛰어들 자신이 없는 이들은 모래사장에 구멍을 만든 작은 게들을 구경하다가 파도에 쓸려 온 가느다란 나뭇가지를 주워 모래 위에 그리운 이름을 써본다.

표선해수욕장은 일출과 야경으로 유명한데, 그보다는 밤이 오기 전 어스름이 내리는 바다 풍경이 더 아름답다. 해수욕을 마치고 모두가 돌아가는 시간, 누군가는 밤의 낭만을 즐기기 위해 준비하는 그 시간, 붉은 등대가 제 역할을 하기 시작하는 어스름이 젖어드는 그때, 표선해수욕장에 고요가 밀려든다.

여행 Tip

- 매년 7~8월 중 해수욕장을 개장한다. 해수욕장을 개장하지 않는 계절에는 동네 아이들의 놀이터다.
- 매년 8월이면 표선 해변 백사 대축제가 열린다.

+

가시리 꽃길 끝

조랑말박물관

ADD 서귀포시 표선면 녹산로 381-15
TEL 064-787-0960
HOURS 4~10월 10:00~18:00, 11~3월 10:00~17:00
CLOSED 화요일
PRICE 성인 2,000원
PARKING 보유
ACCESS 버스 이동이 어려움

가시리의 녹산로가 가장 아름다운 때는 녹산로를 사이에 두고 유채꽃과 벚꽃이 만개하는 3월과 4월 사이다. 아쉽게도 벚나무에 꽃이 떨어진 후 잎사귀가 자라나 있고, 길가에 유채꽃이 조금씩 남아 있을 무렵 가시리에 가게 되었다. 시선을 빼앗는 꽃이 없어서인지 길 끝에 자리한 조랑말박물관을 금세 찾았다.

제주는 예부터 말 키우기 좋은 자연환경을 갖추고 있어 나라에 말을 진상하던 곳이다. 성격이 온순한 제주 말은 소 대신 농작물을 실어 나르고 밭을 갈았다. 뭍에서는 '소 잃고 외양간 고친다'고 하지만 제주에서는 '말 잃어버려야 마구간 고친다'는 속담이 더 익숙하다. 또 '말 부자는 있어도 소 부자는 없다'는 말이 있을 정도로 소보다 말이 더 많은 곳이 제주다.

여러 종류의 말 중에서도 덩치도 키도 작은 조랑말이 제주의 상징이다. 1986년에 천연기념물로 지정되었으며, 과일나무 밑을 지나다닐 만큼 작다 하여 과하마(果下馬)라고도 불렀다. 제주에서도 가장 손꼽히는 감마장(말 사육장)이 가시리다. 가시리의 조랑말박물관은 국내 최초로 마을에서 세운 이립(里立) 박물관으로 말에 대한 마을 사람들의 자부심이 담긴 곳이다.

노출 콘크리트로 마감한 원통형의 박물관 건물은 로마의 콜로세움을 닮았다. 박물관은 시대별 말의 역사를 비롯해 말과 관련한 유물 100여 점을 관람할 수 있는 전시관과 말에게 먹이를 주고 직접 타볼 수 있는 체험 공간으로 나뉘고, 작은 카페도 있다. 옥상 정원에는 아름다운 전망이 펼쳐진다. 봄과 여름 사이의 오후 4시 무렵, 남쪽 하늘에 높이 솟아 있던 태양이 점점 서쪽 바다로 기울어지며 기세가 한풀 꺾이는 시간, 따뜻한 햇살에 주위가 노랗게 물들 때 풍경이 빛을 발한다. 가장 높아 보이는 따라비오름을 비롯한 크고 작은 오름 사이로 풍력발전기가 천천히 돌아간다. 여기에 푸른 초원이 더해져 마치 밀레의 그림을 보는 듯 소박하고 서정적인 전원 풍경이 펼쳐지고 말 울음소리가 퍼진다. 꽃이 없어도 가시리가 이따금 그리워지는 이유다.

5

동백과 감귤 사이, 빨강과 노랑 사이, 겨울과 봄 사이

위 미 리

WI MI RI

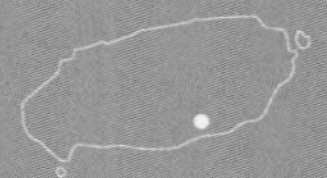

12월의 위미리는 겨울과 봄 사이에 있다. 봄을 알리는 동백꽃이 흐드러지게 피다 못해 후드득 떨어져 온 길을 물들이고, 새들이 꽃향기에 들떠 지저귀는 소리에 온 동네가 소란하다. 햇살은 5월을 닮았고 미풍을 따라 흘러가는 구름은 창공 위에 그림처럼 떠 있다. 옷을 벗기는 것은 거센 바람이 아니라 따뜻한 해님이라는 동화 속 이야기처럼 나도 모르게 외투를 벗어 팔에 걸쳤다. 카메라 그립을 쥔 오른손이 봄을 닮은 겨울볕에 벌겋게 달아오른다.

위미리가 속한 남원읍은 제주에서 가장 볕이 잘 드는 지역이다. 제주 그 어느 곳보다 동백이 빨리 피고 감귤이 새콤한 향기를 내뿜어 화려한 색채의 겨울을 보낸다. 11월부터 동백이 꽃망울을 터뜨리는 위미리는 겨울 없이 곧장 봄이 오는지도 모르겠다.

지구상에서 이토록 특별한 곳이 이렇게 가까이 있다니 신기했다. 화산이 폭발해서 탄생한 섬, 제주. 가늠할 수 없는 영겁의 세월이 흘렀지만 여전히 제주 곳곳에 화산의 흔적이 남아 있다. 바닷가의 구멍이 숭숭 뚫린 검은 현무암과 봉우리가 되었다가 동산이 되었다가 숲이 된 오름, 저 멀리 보이는 눈 쌓인 한라산 정상과 겨울에도 탐스러운 꽃과 과일, 오로지 이 섬에서만 쓰는 독특한 제주 방언, 초원을 뛰어다니는 말들과 바닷속의 해녀들.
단조로운 독립 영화 속 주인공이 된 것처럼 작고 볼품없는 위미항을 걷다가 문득 제주만의 특별함이 가슴 깊이 각인됨을 깨달았다. 그 순간 눈물이 뚝 떨어졌다. 아무래도 이 따뜻한 날씨가 날 녹이려나 보다. 뜨거운 붉은색과 따뜻한 노란색 사이, 딱 그 온도에서 나는 녹아내렸다.

여행 Tip

• 위미리의 동백은 11월 중순에 피기 시작하는데, 제주의 다른 동백 군락지보다 한 달 정도 빠른 편이라 가장 먼저 동백꽃을 볼 수 있다.
• 중간산의 여행지(삼다수목장, 제주돌문화공원, 교래자연휴양림 등)와 연계해 여행 코스를 짜면 좋다.

대중교통

• 제주공항에서 급행 버스 101번이나 130-1번 승차 후 남원읍사무소 정류장 하차, 간선 버스 201-1번이나 201-2번으로 환승해 세천동 정류장 하차

위미리 01

본의 아니게 미안해요

동백나무 군락

ADD 서귀포시 남원읍 위미리 위미 동백나무 군락
PARKING 보유

위미리의 동백을 보기 위해 찾아오는 사람들은 대부분 당황한다. 커다란 동백나무가 지천인 선흘리의 동백동산을 동백나무 군락으로 소개한 잘못된 인터넷 여행 후기 때문이다. 위미리의 동백꽃 여행은 크게 동백나무 군락과 애기동백동산이 있는 애기동백농원으로 나뉜다. 동백나무의 원산지는 한라산이다. 황무지에 부는 바람을 막고자 현맹춘(1858~1933)이라는 여인이 한라산에서 동백나무 씨앗을 가져와 심고 가꾸었다. 그 때문인지 현재 위미리에는 유독 동백나무가 많다. 동백나무 군락은 애기동백동산과 달리 나무가 높이 뻗어 있어 폴짝폴짝 뛰어도 꽃이 손에 닿지 않는다. 애기동백동산의 동백꽃이 붉어진 소녀의 뺨처럼 진분홍빛이라면 동백나무 군락의 동백꽃은 새색시의 연지곤지처럼 붉은빛이다. 내가 초등학교에 들어가기 전까지 할머니는 긴 머리에 동백기름을 바르고 고이 빗어 비녀로 틀어 올리셨다. 할머니의 작은 동백기름병에는 붉은 잎과 노란 수술의 동백이 그려져 있었다. 그래서인지 애기동백동산의 동백보다는 동백나무 군락의 동백이 내게는 더 정겹고 친근하다. 새들은 동백꽃 향기에 취해 쉼 없이 지저귄다. 나무가 워낙 높이 자라 있어 사람보다는 새들의 사랑을 훨씬 많이 받는 곳이다.

위미리 02

해안가 사진 갤러리

사진말 전문 갤러리 마음빛그리미

ADD 서귀포시 남원읍 위미해안도로 106
TEL 064-764-3127
HOURS 09:00~20:00
PRICE 무료(음료 5,000~7,000원, 간식거리 1,000~5,000원)
PARKING 보유

위미리 해안 도로는 생각할 것이 많은 사람에게는 생각의 지도를 그릴 수 있게 하고, 머릿속을 비우고 싶은 사람에게는 수평선 너머로 잡념을 털어버리기에 좋은 산책길이다. 제주에 오기 전 여러 가지 복잡한 일이 있었던 것 같은데, 위미리 해안 도로를 걷고 있자니 어떤 생각도, 잡념도 떠오르지 않는다. 심신에 안정이 찾아오니 살짝 무료해지기까지 한다. 여행을 같이 할 때 최고의 친구는 '말하지 않아도 편안한 친구'라고 생각하는데 위미항을 지나 카페 서연의 집으로 가는 길에 최고의 여행 친구를 만났다. 바로 공천포 바다에서 마주한 사진 갤러리다. 에브리데이코리아 프로젝트를 통해 선정된 사진들이 해안 도로를 따라 100m 정도 전시되어 있다. 제주에 대한 깊은 애정이 묻어나는 사진들이 홀로 걷는 길을 외롭지 않게 해준다. 에브리데이코리아 프로젝트는 가장 한국적인 이야기를 담은 사진을 모아 전시하는 프로젝트다. 작가나 촬영 장비의 전문성 여부를 떠나 누구나 인스타그램에 #everydaykorea라는 해시태그로 참여 가능하다. 이곳은 에브리데이코리아 프로젝트의 공식 오프라인 갤러리다.

돌담을 따라 담장 안쪽의 전통 가옥과 마당에서도 전시가 이어지는데 제주 해녀와 제주 풍경을 주제로 한 사진이 전시되어 있다. 차분히 전시를 둘러본 후 차를 마시며 갯바위 너머로 펼쳐진 바다를 감상해보자. 사진엽서도 판매하니 마음에 드는 엽서를 몇 장 골라보자.

위미리 03

겨울 제주 꽃 여행지

애기동백농원

ADD 서귀포시 남원읍 위미리 927
PRICE 2,000원
PARKING 없음, 인근에 주차 가능

위미리는 제주 최고의 겨울 여행지다. 11월 중순부터 1월 중순까지 약 60일간 동백꽃을 마음껏 감상할 수 있기 때문이다. 애기동백농원에는 영국 근위병의 모자를 닮은 동백나무가 동산을 이루고 있는데 나무마다 원피스 꽃무늬처럼 분홍색 동백꽃이 수없이 달려 있다. 하얀색 꽃을 피우는 동백나무가 한 그루쯤 있을 법도 하건만 온통 분홍색이니 어른도 아이도 모두 들뜬 모습이다. 차마 꽃을 꺾을 수 없어서 떨어진 꽃봉오리 하나를 주워 귓등에 꽂아본다. 친구와 함께라면 예쁘게 포즈 취하고 사진 한 장 찍어볼 텐데 혼자 온 게 아쉽다. 사유지인 이곳은 유명해지기 전까지는 무료로 개방했지만 밀려드는 사람들로 관리가 어려워지자 2016년 하반기부터 입장료를 받고 있다. 내비게이션에 '애기동백농원'으로는 검색이 되지 않고, '동백동산'으로 검색할 경우 선흘리의 동백동산이나 위미리의 동백나무 군락으로 안내되므로 반드시 위 주소로 검색해 찾아가야 한다.

위미리 04

소박한 어촌 풍경

위미항

ADD 서귀포시 남원읍 위미리
PARKING 보유

항구 주변에 상가가 제법 모여 있어 소란할 법도 한데 서귀포를 대표하는 남원큰엉 해안과 공천포 바다 사이에 자리해 있다 보니 관심이 덜해 때 묻지 않은 어촌 풍경을 간직하고 있다. 현무암 사이를 오가는 파도 소리가 아득하게 들려 등대까지 걷지 않고 항구가 보이는 마을 길에 앉아만 있어도 좋다. 다만 단점이라면 남쪽 하늘의 따뜻한 햇살에 취해 넋을 잃고 있다가 주근깨가 늘어날지도 모른다는 것이다.

위미리 05

제철 가정식을 간편하게 즐기는

시즌박스

ADD 서귀포시 남원읍 태위로 154 TEL 070-7745-3577
HOURS 11:00~20:00(브레이크 타임 15:00~17:00)
CLOSED 수요일, 마지막 주 목요일
PRICE 보슬보슬 흑돼지덮밥 · 모둠버섯 매운 채소덮밥 8,000원
PARKING 보유

최근 제주에는 제주 전통 가옥인 돌집이나 창고 등을 다양한 명소로 재탄생시킨 곳이 많다. 그중에서도 시즌박스는 특별한 이력이 있다. 시골길에서 종종 만나는 오래된 주유소를 리모델링해 멋진 식당으로 재탄생시킨 것. 이곳에서는 제주를 비롯해 국내에서 생산한 신선한 재료로 건강한 한 끼 밥상을 차려낸다. 머리 아픈 휘발유 냄새가 아닌 고소한 기름 냄새가 가게 안을 가득 채우며, 식당 곳곳에는 요리책이 놓여 있어 음식에 대한 주인장의 열정을 엿볼 수 있다.
이곳의 인기 메뉴는 보슬보슬 흑돼지덮밥. 제주산 흑돼지고기를 갈아 양념에 볶은 후 고슬고슬하게 지은 밥 위에 올려낸다. 달걀 반숙과 함께 조금씩 비벼 먹으면 고소하면서도 짭조름한 맛이 일품이다. 그 밖에 오삼불고기덮밥, 돈가스덮밥 등 일품요리가 많아 나 홀로 여행자도 부담 없이 식사하기 좋다. 포장 주문도 가능하니 날씨 좋은 날 근처 바닷가에서 피크닉을 즐겨보자. 후식으로 제공하는 감귤청 수제 요구르트는 입안을 상큼하게 마무리해 준다. '시즌박스'라는 이름처럼 철마다 메뉴가 조금씩 바뀐다.

위미리 06

도보 여행자의 든든한 밥상

한라앤탐밥상

ADD 서귀포시 남원읍 위미중앙로300번길 8
TEL 064-764-6560
HOURS 08:30~15:00 CLOSED 토요일
PRICE 보말 정식 · 보말죽 10,000원, 보말라면 6,000원
PARKING 보유

올레길 5코스는 위미리의 수많은 감귤밭과 동백꽃, 한적한 어촌을 마음껏 즐길 수 있는 코스다. 다른 유명 올레길에 비해 사람이 많지 않아 호젓하게 걸을 수 있다. 한참 걷다 보면 출출해지거나 잠시 쉬어 가고 싶기 마련인데 그럴 때 찾아가기 좋은 식당이 바로 동백나무 군락 앞의 한라앤탐밥상이다. 펜션도 함께 운영하는 이곳은 올레길을 걷는 도보 여행자들과 위미리에서 하룻밤 자고 아침 식사를 하려는 여행자들이 많이 찾는다. 대표 메뉴는 위미리 바다에서 캔 고소한 보말의 살과 내장을 넣고 끓인 보말죽. 혼자 먹기 벅찰 정도로 한 그릇 푸짐하게 나와 든든한 한 끼 식사로 더할 나위 없다. 죽은 금방 배가 꺼진다고 달갑지 않은 사람이라면 보말 정식을 추천한다.

위미리 07

감귤 창고를 개조한 카페

와랑와랑

위미리 마을 한가운데에 자리한 이 카페는 원래 감귤 창고였다. 카페 앞에는 동백나무 군락이 있고 그 옆으로 감귤나무 농장이 있다. 위치상 동백꽃을 실컷 볼 수 있을 줄 알았는데, 동백나무는 지붕보다 훨씬 키가 크고 윗가지에만 꽃이 자라 카페 안에서는 도통 동백꽃을 볼 수 없다. 감귤밭을 따라 자리한 창가석은 전망이 좋아 자리를 차지하려면 눈치 작전이 필요하다. 카페에 들어서자마자 재빨리 창가 자리를 선점하고 감귤 주스를 주문했다. 회는 바닷가에서 먹어야 제맛이듯 감귤 주스도 제주도에서 먹으니 더 맛있게 느껴진다. 인디 밴드 가을방학의 노래 제목처럼 '샛노랑과 새빨강 사이'의 귤을 갈아 만든 주스 잔에 입을 댈 때마다 상큼함과 달달함이 하모니를 이룬다. 오후 3~4시쯤 출출함을 달래는 데에는 고소한 콩가루를 뿌린 찰떡구이를 추천한다.

ADD 서귀포시 남원읍 위미중앙로300번길 28
TEL 070-4656-1761
HOURS 11:00~18:00
CLOSED 월·화요일
PRICE 핸드 드립 커피·찰떡구이 4,500원, 감귤 주스 6,000원
PARKING 없음, 인근에 주차 가능

여행 Tip
- 애기동백농원의 위치를 알려주는 지도가 입구에 붙어 있다.

위미리 08

첫사랑의 추억 되새기기

서연의 집

ADD 서귀포시 남원읍 위미해안로 86
TEL 064-764-7894
HOURS 09:00~21:00
PRICE 음료 4,000~6,500원
PARKING 없음, 인근에 주차 가능

아이돌 가수 수지를 국민 첫사랑의 아이콘으로 등극시킨 영화 〈건축학개론〉. 여자 주인공 서연은 스무 살 무렵 기찻길을 걸으며 승민에게 소원을 이야기한다. 바다가 보이고, 마당이 있고, 창이 많고, 옥상이 있는 이층집에 살고 싶다고. 세월이 흘러 두 사람은 건축가와 의뢰인으로 만나 제주에 있는 그녀의 집을 새로 설계해 지으면서 첫사랑을 회상한다. 위미리 바다가 한눈에 펼쳐지는 커다란 거실 창과 잔디가 깔린 옥상은 관객들에게 깊은 인상을 남겼고, 그 촬영 장소인 서연의 집은 위미리의 대표 명소로 거듭났다.
현재 카페로 운영하는 서연의 집은 영화 속 장면과 다르긴 하지만 영화를 떠올리기에 부족함이 없다. 곳곳에 영화 속 명대사와 명장면이 사진으로 전시되어 있고, 작은 별채에서는 하루 종일 영화 〈건축학개론〉을 상영한다. 등장인물의 이름을 딴 디저트, 동백과 감귤로 유명한 위미리의 특색을 살린 동백차와 감귤차, 그리고 영화와 관련된 상품을 눈여겨볼 만하다.

위미리 09

서울 경리단길 부럽지 않은 힙한 카페

키아스마

ADD 서귀포시 남원읍 태위로 255
TEL 070-4222-0102
HOURS 11:00~20:00
(브런치 메뉴 ~16:00)
CLOSED 화 · 수요일
PRICE 스피니치 허그 9,000~17,000원,
음료 5,000~7,000원
PARKING 없음, 인근에 주차 가능

감귤 창고를 멋있게 변신시킨 카페. 천장과 바닥을 모두 노출한 인테리어에 원목 가구와 빈티지한 소품을 배치해 앤티크한 감성이 물씬 느껴지는 곳이다. 서울 경리단길의 어느 카페에 온 듯한 분위기로 입소문 나 인기를 모으고 있다. 문을 연 지 5분도 채 되지 않아 만석이 될 뿐 아니라 대기자 수도 많다. 웬만큼 부지런을 떨지 않으면 자리 잡기가 힘들고, 착석하더라도 워낙 손님이 많아 주문한 음식이 나오는 데도 한참 걸린다. 주방에서는 조용하고 소박해 보이는 주인 커플이 부지런히 음식 만드는 모습을 볼 수 있다. 운 좋게 한 자리 꿰차고 앉아 음악을 듣거나 책을 읽고 어제의 여행을 되새기며 주문한 음식을 기다리다 보면 되레 마음이 느긋해진다. 카페로 운영하지만 이 집의 간판 메뉴는 커피나 다른 음료가 아닌 건강한 식재료로 무장한 브런치. 특히 시금치와 치즈, 달걀을 햄버거처럼 쌓고 베이컨으로 감싸 오븐에 구운 스피니치 허그는 재료 본연의 맛을 잘 살린 이 집의 시그너처 메뉴다.

위미리 10

여행자의 서점

라바북스

명소라고는 위미항과 서연의 집뿐인 위미리 마을은 여행자들이 그저 스쳐가는 동네이다 보니 독립 서점 라바북스가 유독 반갑게 느껴진다. 제주 이민자들과 동네 사람들이 즐겨 찾는 장소다. '라바북스'는 본래 여행 사진집 제목이다. 2011년 11월에 첫 호를 발행한 후 매호마다 세계 여러 나라 중 한 나라에 관련한 테마나 도시를 정해 출간했다. 그러다 2015년 5월 느릿느릿 여행하는 것을 좋아하는 사람들과 함께하기 위해 제주 위미리에 같은 이름의 서점을 차린 것이다. 이곳에서는 직접 출간한 여행 사진집 시리즈뿐 아니라 독립 출판 서적, 제주 여행책, 중고 서적, 엽서 등을 판매한다. 최근에 다양한 독립 서적이 출간되면서 독립 서점이 어떤 책을 선별해 서가를 채우느냐에 따라 개성을 달리한다. 라바북스는 일상의 내면을 들여다볼 수 있는 간결한 내용의 책이 유독 많이 눈에 띈다. 여행을 떠나오면서 미처 책 한 권 챙기지 못했거나, 숙소나 카페에서 여러 사람의 손때 묻은 책보다 제주의 추억을 새길 수 있는 나만의 책을 갖고 싶다면 두말할 것 없이 이곳으로 가자. 라바북스에서 만나는 책은 유명 관광지를 뒤로하고 마을 산책을 나선 당신과 많이 닮아 있을 것이다.

ADD 서귀포시 남원읍 태위로 87 1층
TEL 010-4416-0444
HOURS 11:00~18:00
CLOSED 수요일, 셋째 주 목요일
PARKING 없음, 인근에 주차 가능
WEB www.labas-book.com

여행 Tip

• 라바북스 여행 사진집은 라바북스 홈페이지나 라바북스와 협력을 맺은 곳에서 구입할 수 있다. 구입처는 홈페이지에 안내되어 있다.

위미리 11

꽃으로 착각하지 마세요
위미캔들

ADD 서귀포시 남원읍 태위로 41
HOURS 11:00~18:00
PRICE 양초 5,000원부터
PARKING 없음, 인근에 주차 가능

고향을 떠나 정착한 마을에 얼마나 애정이 깊으면 이곳의 자연물을 모티브로 이토록 아기자기한 기념품을 만들까? 제주살이 3년 차 부부가 운영하는 위미캔들은 양초를 판매하는 숍이다. 선인장 · 동백꽃 · 장미꽃 모양의 양초, 탱글탱글한 귤 알맹이가 톡 터질 것 같은 감귤 양초 등 다양한 모양의 양초가 눈을 즐겁게 한다. 양초는 크기가 작아 여행 중 한두 개 정도 구입해도 부피에 대한 부담이 없으며, 여행 선물로도 더없이 좋다.

감귤 체험

위미리는 바다 냄새와 동백꽃 향기, 옹골차게 맺힌 감귤이 뿜어내는 향기가 가득한 곳이다. 거리에 늘어선 유자나무 열매만 봐도 입에 침이 고이고, 손 닿을 듯한 곳에 매달린 감귤을 보면 어린 시절 동네 어귀의 대추나무에서 몰래 대추를 따 먹던 추억이 떠오른다. 그러나 '한 개쯤 따 먹어볼까'라는 생각은 절대 금물이다. 위미리 마을의 감귤 농장에서는 농장 체험을 신청할 수 있도록 플래카드에 전화번호를 적어두었다. 체험한 후 감귤을 가져가기 번거로울 것 같으면 감귤밭이 있는 게스트하우스에서 묵는 것도 괜찮다. 감귤 체험을 할 생각이 없고 감귤밭이 있는 게스트하우스에서 숙박을 하는 것도 아니라면 위미항에서 서연의 집으로 향하는 길에 있는 무인 노점상에서 감귤을 구입하자.

위미리 12

배부른 단잠에 빠지다

고마담 게스트하우스

ADD 서귀포시 남원읍 위미중앙로300번길 24
TEL 010-8859-0559
HOURS 체크인 17:00, 체크아웃 10:00
PRICE 도미토리 30,000원, 2인실 65,000~70,000원(조식 포함, 성수기 기준)
PARKING 보유

포털 사이트 지도에서 위치를 검색해보니 고마담 게스트하우스에서 동백나무 군락이 코앞이다. 이 숙소에 머물면 매일 아무 때나 동백꽃 향기를 맡고 이른 아침 인적이 드문 애기동백농원에서 사진을 찍을 수 있겠다 싶어 예약을 했다. 고마담 게스트하우스는 남쪽에 대문을 내고, 집 한가운데에 거실을 두고 동·서·북쪽으로 방을 낸 제주식 양옥집이다. 이곳에 들어서면 하얀색 페르시아고양이 아톰이 손님을 반겨준다. 제주의 다른 게스트하우스에 비해 인테리어는 평범하지만 이를 뛰어넘는 매력이 있으니, 바로 매일 밤 운영하는 심야 식당이다. 숙박자에 한해 하루 전날 메뉴를 공개하고 예약을 받는 시스템이다. 가격은 20,000원으로 저렴하진 않지만 전복 크림 파스타, 제주 오겹살구이, 회무침 등 메뉴를 보면 비싸다는 생각이 순식간에 사라진다. 조리대를 중심으로 ㄷ자형 바로 이루어진 식탁은 일본 드라마 〈심야식당〉과 닮았다. 주인장 고 마담이 요리하는 주방을 마주하고 2시간가량 식사가 이어진다. 음식은 재료 본연의 맛을 살리는 것이 특징이며 코스로 서빙하기 때문에 초반부터 많이 먹으면 마지막 요리까지 완주할 수 없으니 주의하자. 또한 술과 음료는 포함되지 않고 따로 판매도 하지 않기 때문에 각자 준비해 가야 한다. 맛있는 음식과 술을 나눠 먹으며 여행자들끼리 자연스럽게 대화가 이루어지는 분위기다. 고 마담은 군만두가 먹고 싶다는 손님의 말에 만두를 구워주기도 한다. 또 과일을 먹고 싶으면 감귤밭으로 나가 감귤을 따 오기도 하면서 유쾌한 시간을 보낼 수 있다.

여행 Tip

- 밤 11시에 공용 공간을 소등하고 밤 12시에 모든 객실을 소등한다.
- 취식은 식당에서만 가능하다.
- 국이 있는 간단한 조식을 제공한다.
- 투숙객은 숙소 앞 작은 감귤밭에서 언제든지 감귤 따기 체험을 할 수 있다.

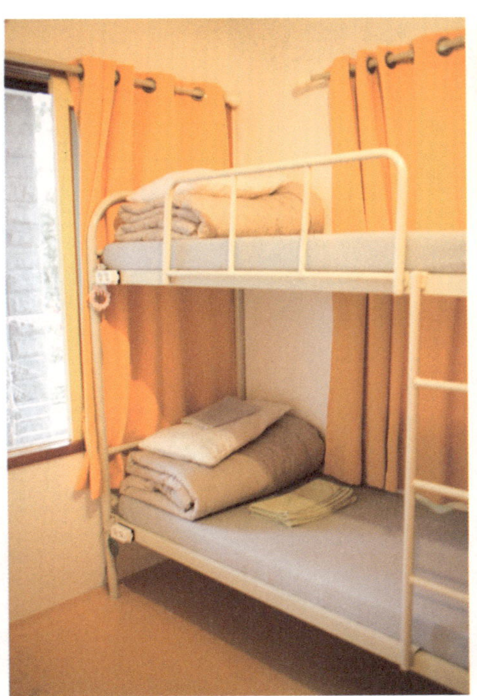

+

숲 그늘 사이로 풍덩

사려니숲길

ADD 제주시 봉개동
TEL 064-900-8800
HOURS 09:00~17:00
PRICE 무료
PARKING 보유
ACCESS 남원읍사무소 정류장에서 간선 버스 230-1번이나 230-2번 승차 후 사려니숲길 정류장 하차

여린 연둣빛부터 청명한 초록빛으로 물든 숲 그늘 사이로 이따금 나긋하고 다정한 햇빛이 비춘다. 가파른 길은 없지만 쉼 없이 몇 시간을 걷다 보니 잠시 앉고 싶은 생각이 간절하다. 반갑게도 그 순간, 쉼터 숲지기들의 오카리나 소리가 숲 전체에 퍼진다. 사려니숲은 '신성한 숲'이라는 뜻이다. 하늘 위로 우뚝 솟은 삼나무만 가득해도 충분히 황홀한 터인데 사려니숲길에는 참 다양한 나무가 모여 있다. 눈에 익숙한 단풍나무와 편백나무를 비롯해 참꽃나무, 산딸나무, 서어나무, 때죽나무, 졸참나무 등 이름도 모양도 제각각인 나무가 15km에 이르는 길에 이어져 있다. 이 나무들이 모여 한 줄기 햇살조차 들지 않는 신령스러운 숲이 펼쳐지다가 때죽나무꽃이 별처럼 하얗게 쏟아지는 산책길로 이어진다.

사려니숲길에는 멋진 공간이 많지만 그중 가장 마음에 드는 곳은 높다란 나무 사이, 아주 작은 마당 같은 풀밭에 늙은 고목을 툭툭 잘라내 만든 의자가 놓인 숲속 유치원이다. 종주 욕심이 앞선 어른에게는 성에 차지 않을 곳이지만 줄지어 가는 개미만 봐도 신기한 아이들을 위한 지붕 없는 교실이다. 보통 때는 느긋하게 걸어도 3~4시간이면 걸을 수 있는 길이지만 매년 5월 말부터 6월 초에 개최하는 에코 힐링 체험 기간에는 진입 금지 구간인 사려니오름까지 이어지는 길이 개방돼 더 오랜 시간 숲길을 걸을 수 있다. 사려니오름까지 완주하고 싶다면 삶은 달걀을 준비하자. 사려니오름에 올라 한라산을 바라보며 달걀을 먹으면 10년 젊어진다는 전설이 전해진다.

여행 Tip

- 물과 간식은 미리 준비해 가고, 쓰레기는 챙겨 오자.
- 화장실은 길 중간에도 있으며, 마지막 화장실은 따로 표시되어 있다.
- 사려니숲길은 천천히 걷다 보면 30분 정도 인기척이 없는 경우도 있고, 멧돼지 등 야생동물이 출현할 수도 있으니 지정된 탐방로를 벗어나지 말 것.
- 안전을 위해 오후 2시 이후에는 입산을 통제한다.
- 숲길 옆에서 양봉을 하는 경우도 있는데, 벌이 쫓아오면 바닥에 납작 엎드려 벌이 떠나기를 기다린다.
- 물찻오름 입구에서 걷기 시작하면 5.2km 구간이고 붉은오름 입구에서 걷기 시작하면 4.8km 구간이다.
- 에코 힐링 체험 기간에 사려니오름까지 완주한 뒤에는 셔틀버스로 각 입구까지 이동이 가능하다.

Cryptomeria
japonica

+

가족은 나의 힘

이중섭 생가와 이중섭미술관

ADD 서귀포시 이중섭로 27-3
TEL 064-760-3567
HOURS 09:00~18:00
(하절기 ~20:00)
CLOSED 월요일
PRICE 성인 1,500원, 어린이 400원
PARKING 보유
ACCESS 남원읍사무소 정류장에서 간선 버스 201-4번이나 201-5번 승차 후 동문로터리 정류장 하차

붉은 바탕에 소가 힘차게 고개를 쳐들고 있는 그림을 본 적이 있을 것이다. 한국 현대미술의 대표작 〈황소〉를 그린 작가 이중섭의 생가가 서귀포시에 자리해 있다. 이중섭과 그의 가족은 6·25 전쟁을 피해 부산에서 제주도로 내려왔다. 1년 정도 이곳에 살면서 그는 일생에서 가장 안정적인 시절을 보냈다고 한다. 한 평 반 정도 되는 크기의 방에서 가장 행복한 시절을 보냈다는 이야기에 그의 삶이 얼마나 치열하고 지독했을지 짐작해본다. 현재 이중섭 생가에는 이중섭에게 세를 놓았던 주인 할머니의 며느리가 살고 있으며, 이중섭이 살았던 방을 일반에 공개해놓았다. 생가 뒤로는 이중섭미술관이 있는데 서귀포의 아름다운 풍광과 환상을 담은 작품을 전시하고 있다. 일본인 아내가 부모님을 간병하기 위해 일본으로 떠난 후 주고받은 편지와 담뱃갑에 그린 은지화도 관람할 수 있다. 가족을 향한 절절한 그리움이 느껴지면서도 걱정하는 가족을 위해 밝은 안부를 전하는 글귀를 보고 있노라니 애틋한 부정(父情)에 마음이 뭉클해진다. 건물 전망대에 오르면 이중섭이 아이들과 함께 게를 잡고 낚시하던 새섬이 보인다. 새섬 그림을 감상하고 올라온 참이라 그런지 평범한 바닷가 풍경이 특별하게 느껴진다.

여행 Tip

- 이중섭미술관 입구에서부터 이어지는 이중섭 거리에는 다양한 공방과 전시관이 있으며 주말이면 서귀포예술시장이 열린다.
- 〈이중섭 1916-1956 편지와 그림들〉이라는 책에 아내와 주고받은 편지 내용이 좀 더 자세히 담겨 있어 전시를 이해하는 데 많은 도움이 된다.

제주 토박이가 만드는 브런치

빌라 드 아토

ADD 서귀포시 태평로 413
TEL 064-763-7374
HOURS 11:00~19:00
CLOSED 비정기적(인스타그램 공지)
PRICE 한라산 고사리 김밥 4,000원, 아이엠 딱샌 7,000원, 퐁당 소다 · 제주산 망고 주스 6,000원
PARKING 없음, 인근에 주차 가능

이중섭 거리 끝자락에 산뜻한 분홍색과 보라색이 조화를 이룬 건물, 빌라 드 아토가 있다. 프로방스의 어느 거리에 있을 법한 모습이다. '아토'는 순우리말로 선물이라는 뜻으로, 여주인의 아이 태명이었다고 한다. 브런치 카페인 이곳은 한 끼로 손색없는 든든하고 맛있는 브런치 메뉴를 선보인다. 크루아상에 상추와 딱새우튀김을 넣어 만든 샌드위치, 매일 한정 판매하는 한라산 고사리 김밥, 제주산 과일을 이용한 음료, 케이크, 마카롱 같은 디저트류 등 제주산 재료를 듬뿍 사용해 만든 퓨전 브런치는 색다르면서도 정겨운 맛이다. 카페 인테리어는 주인장이 손수 꾸민 것이라고 한다. 제주의 식재료를 이용한 가벼운 요리를 맛보고 프로방스 분위기를 즐기고 싶다면 기억해둘 것.

6

봄바람에 몸도 마음도 녹는

고산리와 모슬포

GO SAN RI & MO SEUL PO

매년 3월이면 계절병이라 할 수 있는 어떤 병에 걸린다. 이 병의 증상은 겨울 내내 매서운 겨울바람으로부터 날 지켜주던 무채색 코트가 어깨를 짓누르는 주범이라며 원망하고, 부슬부슬 내리는 봄비에 마음이 말랑말랑 녹았다가 곧바로 다시 찾아드는 꽃샘추위에 온갖 신경이 곤두선다. 이 병이 급성일 때는 매화나 벚꽃, 목련 같은 꽃의 개화만으로도 치유가 가능하지만 만성일 때는 메마른 대지와 나뭇가지 끝에서 연둣빛 어린잎이 자라 녹음 속으로 '퐁당' 하고 뛰어들고 싶다.

우리나라에서 봄이 가장 먼저 온다는 남쪽의 푸른 섬 제주행 비행기표를 예약하고 가장 먼저 떠오른 곳은 고산리다. 제주에서 가장 제주답다는 동네로, 세련된 멋은 없지만 낡고 오래된 것에서 따스한 기운이 느껴지는 곳이다.

고산리에 가면 어릴 때 갖고 놀던 장난감, 할머니의 스웨터 냄새, 낡은 집, 친구와 말타기하던 골목 등 아른아른한 기억이 떠오른다. 익숙하고 아련한 풍경은 삶의 긴장을 풀어내고 일터를 오가며 빨라졌던 걸음의 템포가 저절로 느긋해지게 한다. 당산오름을 거쳐 노꼬메오름에

올랐다가 다시 동네 어귀로 돌아오는 길에는 청보리와 마늘, 배추, 양파밭이 끝없이 이어진다. 이때 모슬포의 거센 바람이 고산리까지 불어온다. 이렇게 바람이 거센 날 도심에서는 머리카락이 제멋대로 엉켜버리는 탓에 짜증이 났는데, 이곳에서는 온화한 풍경에 마음이 녹았는지 마음의 평정을 잃지 않은 채 머리 끈을 꺼내 대충 묶어버렸다. 머리카락 엉키는 게 무슨 대수인가.

여행 Tip

• 고산리에서 모슬포까지는 대중교통으로 40분, 자가용으로 20분 거리다.

• 고산리가 작은 동네라면 모슬포는 읍내 정도의 규모다.

대중교통

• 고산리 제주공항에서 급행 버스 102번 승차 후 고산1리 고산성당 앞 정류장 하차

• 모슬포 제주공항에서 급행 버스 102번 승차 후 대정읍사무소 정류장 하차

고산리 01

산책하기 좋은 오름

당산오름

고산초등학교를 지나 차귀도행 선착장으로 향하는 길에 마늘밭, 유채꽃밭 위로 봉긋하게 솟은 당산오름이 보인다. 당산오름은 얕은 바다에서 분출되어 만들어진 분화구 내부에 작은 화산(알 오름)이 생긴 이중식 화산체 구조다. 산등성이에 갈대나 풀이 자라는 다른 오름과 달리 소나무가 자란다. 산기슭에 뱀(뱀 신, 사귀)을 모시는 신당이 있어 당(堂)오름이라 부르기도 했다. 사귀라는 말이 와전되어, 혹은 자귀나무가 많아 차귀오름, 차귀악이라고도 불렀다고 전해진다. 당산오름은 평지에 우뚝 솟아 있어 조선시대에는 제주도의 봉수대 25개 중 하나로 유사시 긴급 연락을 주고받는 역할을 하기도 했다. 오늘날에는 고산리와 차귀도, 제주 서쪽 바다를 조망할 수 있는 전망대이자 산책로가 되어준다. 부대시설이 없는 산책로라 인적이 드물기 때문에 혼자 나서기보다는 일행과 함께 오르기를 권한다.

ADD 제주시 한경면 용수리 산18
TEL 064-710-6072
PARKING 보유

고산리 02

태고의 신비가 가득한

노꼬메오름

하루에도 열두 번씩 바뀌는 4월의 제주 날씨 때문에 숙소에 콕 박혀 있다가 노꼬메오름 일몰을 보지 못한 게 못내 아쉬워 결국 노꼬메오름에 다녀왔다는 옆방 여행객에게 물었다. "오늘 하늘이 맑진 않던데, 일몰은 봤어요?" 여자가 고개를 끄덕인다. 이 젊은 여인은 알까, 자신이 본 일몰이 얼마나 귀한 것인지를. 하루 종일 맑다가도 갑자기 날씨가 바뀌는 변덕스러운 제주에서 일몰을 본다는 것은 엄청난 행운이다.

애월읍 유수암리에도 노꼬메오름이 있어 고산리 노꼬메오름은 수월봉이라고 더 많이 불린다. 특히 이 오름은 규모가 크진 않지만 영국의 세븐시스터스를 떠올리게 하는 웅장하고 신비로운 절벽이 바다와 만난다. 연안 조류와 해식 작용으로 화석 절벽이 깎이는 동안 얼마나 많은 희로애락이 이곳에서 부서지고 새겨졌을까? 노꼬메오름의 절벽에는 슬픈 전설이 전해 내려온다. 고산리에 살던 수월이는 남동생 녹고와 함께 중병에 걸린 홀어머니를 모시고 사는 효심이 깊은 아이였다. 어느 날 지나가던 스님의 처방에 따라 100가지 약초를 캐러 다녔는데 그중 오가피만 찾지 못했다. 그러던 중 절벽에 붙은 오가피를 발견하고 동생과 함께 절벽을 내려갔다. 다행히 오가피는 캤지만 다시 올라갈 힘이 없어 동생에게 오가피를 전해주고 수월이는 절벽 아래로 떨어져 생을 마감한다. 동생 녹고는 누나 수월의 죽음을 슬퍼하며 눈물을 흘렸다. 이후 이곳을 녹고물오름 또는 수월봉으로 부르게 되었으며 녹고물오름이 노꼬메오름으로 바뀌었다.

ADD 제주시 한경면 노을해안로 1013-70
TEL 064-773-0379
PARKING 보유

여행 Tip

- 일몰을 보길 원한다면 반드시 사전에 날씨를 확인할 것.
- 노꼬메오름을 지나는 길은 올레길 12코스에 속한다. 차로 이동하기보다는 아름다운 제주의 농촌 풍경을 감상하며 도보 여행을 즐기기를 추천한다.

고산리 03

원시림으로 떠나는 숲크닉

환상숲 곶자왈 공원

ADD 제주시 한경면 녹차분재로 594-1
TEL 064-772-2488
HOURS 09:00~18:00(일요일 13:00~)
PRICE 성인 5,000원, 청소년·어린이 4,000원(자전거·도보 여행자 1,000원 할인)
PARKING 보유 WEB jejupark.co.kr

농촌에서 자란 나에게 어릴 적 놀이란 농수로에서 물장구치고 송사리 잡고, 호미로 땅을 헤집는 것이 전부였다. 그러나 남의 떡이 더 커 보이는 법. 자작나무 숲에서 예쁜 접시에 알록달록한 사탕을 담아놓고 종달새처럼 지저귀며 다이애나와 함께 소꿉놀이하는 빨강 머리 앤이 어찌나 부러웠던지…. 나는 매일 밤 상상을 했다. 어른이 되면 숲에서 예쁜 컵에 차를 마시고 알록달록한 포장지에 싸인 초콜릿을 먹어야지. 꿈은 이루어진다고 했던가. 어른이 된 후 스스로 '숲크닉', '숲풍'이라는 말을 지어내 주말이면 집 근처 자그마한 숲으로 소풍을 가곤 한다. 숲에 대한 애정이 남다르다 보니 환상숲 곶자왈 공원은 내게 거부할 수 없는 숙명처럼 여겨졌다. 한라산에 오르지 않더라도 기필코 이곳은 탐방하리라 다짐했다.

고산리에서 환상숲 곶자왈 공원까지 9,000원의 택시비를 기꺼이 지불하고서 숲 해설 시간에 맞춰 갔다. '곶자왈'이란 숲을 뜻하는 '곶'과 가시덤불을 뜻하는 '자왈'이 합쳐진 제주 말이다. 나무와 가시나무 넝쿨이 어수선하게 얽혀 있는 수풀이 바로 곶자왈인 것이다.

제주 전체 면적의 6% 정도를 차지하는 곶자왈은 모두 원시림이다. 오래전부터 전 국민의 관광지가 된 제주에 원시림이 남아 있는 이유는 이렇다. 곶자왈은 용암이 흘러내려 돌무지가 된 땅에 생긴 수풀이다. 이곳에 작물을 심을 수는 없고 땔감

여행 Tip

- 환상숲 곶자왈 공원은 약 1시간 코스다. 해설을 들을 경우 40분 정도는 함께 탐방하고 20여 분은 개별적으로 산책한다.
- 환상숲 곶자왈 공원은 자연 생태계를 보존하기 위해 벌목을 줄이고자 종이 입장권을 제작하지 않는다.
- 숲 해설은 09:00~17:00 사이 매시 정각에 진행한다(동절기 마지막 해설 16:00). 일요일 오전에는 쉰다.

으로 쓰려고 나무를 베니, 나무 때문에 자라지 못한 가시덩굴이 자리를 차지한 탓에 벌목을 할 수 없게 되었다. 그 기간이 30년이다. 30년 동안 가시덩굴 사이에서 나무가 자라면 사람들은 다시 벌목을 하러 곶자왈에 들어가고 또다시 가시덩굴이 자라고, 이렇게 30년 주기를 반복하면서 지금까지 원시림으로 남아 있게 된 것이다.

제주의 곶자왈에는 세계에서 유일하게 북방 한계 식물과 남방 한계 식물이 공존한다. 용암으로 형성된 화산 암반층 사이에는 구멍이 군데군데 뚫려 있다. 이 구멍에서 겨울에는 따뜻한 바람이, 한여름에는 시원한 바람이 불어와 겨울에는 벚꽃이 피고, 봄에는 낙엽이 지천에 널리는 신기한 현상을 볼 수 있다. 또 이곳은 일정한 습도가 유지돼 다양한 이끼 생물도 자란다. 돌을 비집고 올라오는 나무뿌리와 넝쿨에서는 녹음의 강인함이 느껴진다.

제주에서 대표적인 곶자왈 공원은 다섯 곳 정도인데 그중에서 환상숲 곶자왈 공원은 친절하고 상세한 숲 해설을 들을 수 있어 유명하다. 혼자서 둘러보면 알 수 없는 곶자왈의 신비를 해설사가 풀어준다. 그렇기에 제주 곶자왈 투어를 꿈꾸는 이들에게는 첫 번째로 들러야 할 곳이다. 곶자왈을 거닐며 느껴지는 건강한 녹색 기운은 차보다 향기롭고 디저트보다 달콤하다.

고산리 04

고산리 주민들의 일상을 담은 밥집

아찌국밥

ADD 제주시 한경면 고산로 34 TEL 064-772-3525
HOURS 09:00~22:30 CLOSED 일요일
PRICE 아찌국밥·흑돼지수제돈가스·해물짬뽕 8,000원
PARKING 없음, 인근에 주차 가능

고산리에는 SNS를 뜨겁게 달구는 맛집보다 고산리의 마트로 장 보러 나온 사람들, 힘든 농사일 하느라 밥 해 먹을 시간이 없는 동네 사람들이 가는 식당이 모여 있다. 그중에서 아찌국밥은 본래 3,500원이라는 파격적인 가격에 돼지국밥을 팔아 유명해졌고 가격이 오른 후에는 '로컬 맛집', '어떤 메뉴든 맛있는 식당'으로 유명하다. 조용한 마을에서 유독 분주한 식당을 찾은 사람들의 식탁은 각각 취향대로 차려져 있었다. 짬뽕, 삼계탕, 복국, 돼지국밥 등 육해공을 넘다 못해 각종 장르까지 넘나든다. '모름지기 맛집이란 한 가지 메뉴만 잘하는 곳이지. 메뉴가 이것저것 많은 집이 맛있을 리 있나'라고 생각하는 사람들에게는 영 믿음직스럽지 못하겠지만, 일단 한술 떠서 입안에 넣고 오물거리는 순간 눈이 커지고 입에서 "오!" 하고 감탄사가 나오는 곳이 바로 아찌국밥이다.

노꼬메오름의 찬 바람을 잔뜩 쐬고 내려와 몸에 들어찬 찬기를 몰아내고 싶다면 뜨끈한 아찌국밥 한 그릇 주문해보자. 담백한 살코기와 깔끔하고 깊은 맛의 육수가 밥 한 공기를 술술 비워내게 한다. 감칠맛 나는 반찬은 엄마 밥이 그리운 제주 이민자들과 여행객들의 입맛을 만족시킨다. 저녁 늦게까지 영업하니 밤에 도착하는 여행객이라면 꼭 기억해두어야 할 곳이다.

고산리 05

보헤미안 감성의 식당

카페 머물다

ADD 제주시 한경면 고산로 40 TEL 010-3370-8121
HOURS 12:00~20:00 CLOSED 일요일
PRICE 커리 12,000원
PARKING 없음, 인근에 주차 가능

상호명에 버젓이 '카페'라는 말이 들어가 있지만 음료보다는 커리로 유명한 맛집이다. 이곳의 커리는 돼지고기를 잡내 없이 부드럽게 구워 진한 커리 위에 올려 내는 것이 특징이다. 간단해 보이지만 든든한 한 끼 식사로 충분하다.

외관은 노란색 페인트로 치장하고 손으로 만든 팔찌와 가방, 모자, 악기, 원색의 소품과 가구로 채워진 내부는 보헤미안 감성이 가득하다. 분위기만 보헤미안 스타일이 아니다. 주인장이 종종 여행을 떠나 문을 닫기도 하고, 주인장을 대신해 지인이 가게를 운영하는 날도 있으며, 믿을 만한 손님에게 가게를 잠시 맡겨두고 주인장이 장을 보러 가기도 하는 자유로운 곳이다. 무심하다 여겨질 만도 하건만 뭍에서 경험한 쓸데없는 오지랖에 지친 사람들에게는 이런 분위기가 되레 반갑고 신선할지도 모른다.

밤이면 이곳에 고산리의 보헤미안들이 삼삼오오 모여 공연을 하기도 한다. 공연이 없는 날에는 맥주 한잔 시켜놓고 풀벌레 소리를 들으며 책을 읽어도 좋다.

고산리 06

주인이 직접 개발한 커피와 음료

다금바리스타

ADD 제주시 한경면 노을해안로 1166
TEL 010-4768-1999
HOURS 10:00~21:00
CLOSED 수요일
PRICE 음료 3,500~8,000원, 디저트 1,000~6,000원
PARKING 보유

'다금바리스타'라고 적힌 물고기 모양의 간판이 절로 미소 짓게 하는 카페. 차귀도 특산품인 '다금바리'와 커피를 만드는 사람이라는 뜻의 '바리스타'를 합쳐 만든 이름이 재치 있다. 커피와 수제 디저트가 맛 좋기로 소문난 이곳에서는 제주로 카페 탐방을 온 사람들이 둘러앉아 다양한 커피를 즐기는 모습을 종종 볼 수 있다. 직접 담근 수제 청으로 만든 음료는 정성스러운 맛이 느껴진다. 각층의 분위기가 서로 다른데 2층과 테라스가 소박한 멋이 있다면, 1층은 어두운 톤의 레트로 가구와 바리스타가 직접 그린 범상치 않은 그림으로 장식해놓아 거친 매력이 느껴진다. 2층 테라스에서는 지척에서 차귀도로 향하는 뱃고동 소리가 들리며 선착장이 한눈에 들어와 항구의 낭만을 즐기기 좋다. 관광객들로 소란스러울 법도 하지만 수더분한 어촌 풍경 속에서 낮잠이 솔솔 밀려오는 곳이다.

고산리 07 

동네 주민들의 아지트

풀밭카페

ADD 제주시 한경면 고산로 36
TEL 010-3913-8187
HOURS 11:00~19:00
CLOSED 월·화요일
PRICE 차이 4,000원, 오늘의 점심 5,000원
PARKING 없음, 인근에 주차 가능

제주에서 가장 제주스러운 시골 풍경을 간직하고 있다는 이유로 고산리를 찾는 사람도 많지만, 어떤 이들은 풀밭카페를 매일 들르기 위해 며칠씩 고산리에 머물기도 한다. 도대체 어떤 매력이 제주 서쪽에서 동쪽으로, 제주시에서 서귀포시로 옮겨 다니는 여행자들의 발을 묶어놓는 것일까? 풀밭카페의 표면적 인기 요인은 인도식 차이와 소박한 식사 메뉴다. 하지만 가만 보니 가게의 성향이 매우 매력적이다. '주인이 왕이다'라는 모토 아래 문을 열었지만 가게에 주인장이 없는 경우가 더 많다. 방문 전에 주인장이 있는지 확인하거나 예약을 하지 않으면 발걸음을 돌리거나 무작정 기다려야 한다. 풀밭카페는 세련된 멋은 없지만 친구의 자취방에 놀러 간 듯 편안한 분위기로 여기저기 놓인 잡동사니가 정겹게 느껴진다. 또 동네 주민들의 아지트와 같은 이곳에서는 주인장이 주민들과 이야기 나누는 모습을 종종 볼 수 있다.

고산리 08

베테랑 여행 작가가 운영하는 숙소

제주에 내 집

ADD 제주시 한경면 고산로 39-2
TEL 010-8724-3791
HOURS 체크인 16:00, 체크아웃 11:00
PRICE 도미토리 20,000원, 1인실 35,000원, 2인실 55,000원(조식 포함, 비수기 기준)
PARKING 없음, 인근에 주차 가능
WEB blog.naver.com/echo1226

이곳에 들어서서 안내를 받는 순간 TV 드라마 〈괜찮아, 사랑이야〉의 한 장면이 떠올랐다.

이러저러한 사정으로 여주인공 지해수(공효진)와 박수광(이광수), 조동민(성동일)과 함께 살게 된 장재열(조인성)이 동민에게 이 집에서 지켜야 할 것이 뭐냐고 묻는다. 절대적 규칙은 집세 분배일 뿐 "규칙의 홍수 속에서 우리 홈만이라도 자유롭게 마음껏 즐겨요"라고 동민은 말한다.

제주에 내 집은 규칙이랄 게 없는 게스트하우스다. 유일한 규칙은 '최대한 편하게 지내시되 남에게 피해만 주지 마세요'다. 전날 묵거나 곧 묵을 사람이 없을 때는 체크인 시간보다 조금 이르게 도착하거나 체크아웃 시간보다 좀 늦게 나가는 것을 허용하는 눈치다. 조식도 드라마에서처럼 자유롭다. 준비된 빵과 음료 등을 알아서 챙겨 먹으면 된다. 내 집에서 불편하게 지내는 사람이 어디 있겠는가. 기본적인 예절을 지키는 선에서 주인장도 여행객도 모두 자유롭게 지내는 곳이 바로 제주에 내 집이다.

이 숙소의 주인장은 남미 여행기 〈여행의 이유〉를 쓴 조은희 작가다. 그녀는 책을 낸 뒤 얼마 지나지 않아 뭍에서의 생활을 정리하고 제주 고산리의 게스트하우스 주인장이 되었다. 나는 그 책의 독자이자 작가의 이웃 블로거로 꾸준히 그녀를 응원해온 터라 제주에 내 집은 내가 제주에 가고 싶은 이유 중 하나였다(물론 그녀는 내 정체를 모른다).

주인장의 개인 공간과 부엌 그리고 안채의 게스트하우스, 작은 풀밭으로 이루어진 이곳은 오래된 제주 가옥을 개조한 것이다. 전통 가옥 그대로 난방 시설을 따로 설치하지 않고 개인 장판을 깔았으며 침대 대신 이불과 요를 사용한다. 마루에는 자유롭게 꺼내 볼 수 있는 여행책과 테이블을 두었다. 숙소는 매일 청소하지만 호텔 객실 같은 정갈함을 기대할 수는 없다. 대신 여기저기 자유분방하게 놓인 물건에서 아날로그 정서가 물씬 느껴진다.

모슬포 09

연둣빛 청보리 파도가 밀려오는 섬

가파도

ADD 서귀포시 대정읍 가파리 TEL 064-794-7130
PRICE 성인 왕복 뱃삯+섬 입장료 13,100원 PARKING 섬에 차량 진입 불가
ACCESS 운진항에서 가파도행 배 승선(편도 25분 소요, 기후에 따라 스케줄 변경)
WEB wonderfulis.co.kr(배편 예약) ※배 승선 시 신분증 필수 지참

모슬포에서 배로 겨우 15~20여 분 거리에 있는 섬, 가파도. 멀미가 살짝 걱정스러웠지만 짧은 시간에 별일 있을까 싶어 가벼운 마음으로 가파도행 배에 올랐다. 봄이라 가파도행 여객선이 만원이어서 창가 자리를 차지하지 못한 데 대한 아쉬움을 달랠 겸 선상에 올라갔다. 바다 너머로 제주와 가파도를 구경해야겠다는 마음으로 출항을 기다렸다. 출발한 지 몇 분이 채 지나지 않아 창가에 앉은 사람들도, 복도 쪽에 앉은 사람들도 모두 눈을 감고 하루보다 긴 20분을 견디기 위해 애를 썼다. 어린아이는 울음을 터뜨리고 속이 울렁이는 사람들은 혹시 모를 사태에 대비해 비닐봉지를 찾았다.

파도가 배를 쉼 없이 덮치기를 반복해야만 가파도에 도착한다. 섬의 모양새가 덮개를 닮아 '개도', '개파도'라 부르다가 '가파도'가 되었다고 하는데, 어째 '파도가 더해진다'라는 뜻으로 해석해야 맞을 것 같다. 배 여행의 즐거움 중 하나는 모름지기 갈매기에게 새우깡을 던져주는 것이지만 파도가 워낙 심해서 갑판에 나가는 일은 심청이가 인당수에 몸을 던지는 것과 진배없이 위험하니 삼가도록 하자.

가파도에 내리니 우리를 실어다 준

것은 어쩌면 배가 아니라 파도일지도 모른다는 생각이 들었다.

가파도는 큰 파도가 부서지는 곳이다. 거센 바람에 하얗게 밀려오는 파도가 마치 하얀 돌고래 떼처럼 보이는 장관을 연출한다. 저 멀리서 밀려오는 큰 파도는 작은 돌고래들을 보호하는 혹등고래처럼 보이기도 한다.

본디 섬이란 뭍으로부터만 고립되는 것이 아니라 역사에서도 스쳐 지나갈 뿐이다. 그러나 가파도의 바람은 파도만 부숴내지 않고 역사의 한 페이지에 흔적을 남겼다. 제주도와 마라도 사이의 거센 기류와 조류가 매일 만나는 수역인 가파도에 1653년 네덜란드 배가 표류하게 된다. 그 배에 탔던 인물이 바로 하멜. 하멜은 〈하멜 표류기〉와 〈조선국기〉를 통해 서양 세계에 최초로 우리나라를 소개한 인물이다.

가파도는 여름에는 고구마 농사를 짓고 겨울부터 봄까지는 청보리가 푸르게 피다 익는다. 가파도를 여행하기 가장 좋은 시기는 연둣빛 청보리가 누렇게 익기 전인 4월 말에서 5월 초다.

배에서 내리니 구릉 없이 평탄하기만 한 섬의 18만 평 대지에 펼쳐진 청보리밭과 그 위로 펼쳐진 천공, 그리고 저 멀리 6개의 제주 산이 한눈에 들어오고 손에 잡힐 듯 가까이 보이는 마라도에 넋이 나간다. 서쪽 하늘 끝에는 마라도가 달려 있고 동쪽 하늘 아래에는 한라산, 산방산, 송악산, 고근산, 군산, 단산이 산수화처럼 펼쳐진다. 거센 바람에 청보리가 스치며 내는 소리는 귓속 어딘가에 숨어 있는 소음의 먼지까지 정화시킬 만큼 청량하다.

본래 가파도는 바람만이 외로이 지나가는 무인도였다. 조선 중기 이후 소를 키우는 국유 목장을 설치하면서 사람의 손길을 타기 시작했고, 오늘날에는 약 600명의 사람들이 상동과 하동으로 나뉜 두 마을에 옹기종기 모여 산다. 마치 약속이라도 한 듯이 집집마다 하얀색 벽을 두르고 주황색 지붕을 이고 있다.

가파도는 올레길 10-1코스에 속한다. 천천히 걸어서 두 시간이면 충분하다고 사람들은 입을 모아 말하지만 따뜻한 햇살과 청보리, 푸른 바다 풍경에 취해 정신이 아득해지는 순간이 종종 생길 수 있으니 넉넉잡아 3시간 이상 여유롭게 섬을 둘러볼 수 있도록 돌아가는 배편을 예약해두자.

여행 Tip

- 매년 4~5월에 청보리 축제가 열린다.
- 자전거를 타는 것도 좋지만 바람이 많이 부는 날은 걷는 편이 더 낫다.

모슬포 10

대형 마트가 부럽지 않은

대정오일장

ADD 서귀포시 대정읍 신영로36번길 65
HOURS 1·6·11·16·21·26일 09:00~18:00
PARKING 보유

거센 바람 때문에 못살겠다 하여 '못살포'라 불렸다는 모슬포에는 바람이 아무리 거세도 매달 1일, 6일, 11일, 16일, 21일, 26일에 대정오일장이 열린다. 장소는 모슬포항 옆 장터. 제주 바다에서 갓 잡은 갈치와 옥돔, 방어 등 제철 생선과 제주 햇볕을 잔뜩 머금은 한라봉, 천혜향, 감귤 등 제주 특산 과일이 관광객의 발길을 붙잡는다.

모슬포 주변의 시골 마을에서 장을 보러 나온 현지인들은 옷가지며 생필품을 둘러보느라 정신이 없다. 대정오일장을 찾은 주민들에게 단연 인기 있는 간식은 호떡이다. 강풍을 타고 날아온 기름 냄새가 군침 돌게 하는 호떡은 시골 할머니들의 지갑을 열게 한다.

모슬포 11

용왕님의 잔칫상

가파도 용궁정식

ADD 서귀포시 대정읍 가파로67번길 7
TEL 064-794-7089 HOURS 09:00~20:00
PRICE 정식 12,000원
PARKING 없음, 인근에 주차 가능

자라에게 속아 용궁에 간 토끼에게 가파도 용궁정식의 음식을 대접했더라면 토끼가 그 맛에 정신을 놓아 용왕이 토끼의 간을 가져갔을지도 모른다. 연신 쟁반을 들고 오가며 내오는 음식에 테이블마다 감탄이 쏟아져 나온다. 제주 바다의 해산물과 깊은 맛의 젓갈로 한 상 가득 차려낸 식탁은 토끼는 물론 사람의 마음까지 쏙 빼앗아간다. 새콤한 물회, 오징어젓갈부터 갈치속젓까지 다양한 젓갈 반찬, 된장이나 고추장에 무쳐낸 해초, 제주 땅에서 자란 채소로 만든 반찬만으로도 밥이 모자랄 지경인데, 여기에 잘 구운 옥돔 한 마리가 더해지니 보기만 해도 배가 부르다. 입맛 까다롭기로 소문난 중년의 어머니도, 음식 자부심이 대단한 전라도 사람들도 칭찬을 아끼지 않는다. 작은 섬이다 보니 식당이 몇 개 없지만 가파도 용궁정식은 제주 전체에서도 손꼽을 만한 곳이다. '용궁'이라는 이름을 붙인 식당답게 조개껍질로 장식한 인테리어와 잔칫상 저리 가라 할 정도로 상다리 휘어지는 상차림, 그리고 인심 좋고 친절한 서비스까지 더해져 마치 용왕님의 생일잔치에 초대된 듯하다.

모슬포 12

제주에서만 맛볼 수 있는 상큼달달한 호떡

제주감귤호떡

ADD 서귀포시 대정읍 하모이삼로 67
TEL 010-2438-2002 HOURS 11:30~19:00
CLOSED 화요일 PRICE 감귤호떡 1,500원
PARKING 없음, 인근에 주차 가능

숙소에 짐을 맡겨두고 어슬렁어슬렁 모슬포 읍내를 걸었다. 초등학교 하교 시간인지 아이들이 자기 몸만 한 가방을 메고 친구와 장난을 치면서 집으로, 학원으로 향해 간다. 한창 클 나이인 아이들의 손에는 주전부리가 하나씩 들려 있는데, 보고 있자니 괜히 내 입이 심심해진다. 곳곳에 분식집이며 시장이 자리해 있어 먹거리 많은 모슬포 읍내에서 선택한 것은 찬 바람 불 때 뜨거운 설탕 소에 호들갑 떨며 먹던 호떡이다. 제주감귤호떡은 모슬포 읍내에서 가장 눈에 띄는 가게이자 독특한 주전부리를 파는 곳이다. 이곳의 감귤호떡은 감귤 농장이 발에 차일 정도로 많은 위미리에서도 볼 수 없는 이색적인 먹거리다. 호떡에 견과류와 감귤 청으로 속을 채워 굽는데 고소한 맛과 상큼한 단맛이 잘 어우러진다. 견과류를 넣은 호떡과 진한 유자차를 함께 먹는다고 하면 비슷한 맛이 상상될까? 달달한 맛을 좋아하지 않는다면 채소호떡을 먹어보자. 새콤한 귤을 떠올리는 노란색 벽돌 건물은 모슬포항의 포토 존이다.

모슬포 13

해산물 가득한 짬뽕의 맛

홍성방

가파도를 오가느라 울렁거리던 속을 진정시키고 나니 식욕이 몰려온다. 이왕이면 느끼한 음식보다는 칼칼한 음식이면 좋겠는데 낯선 토속 음식은 부담스럽고, 제주 바다에서 나는 해산물을 사용한 익숙한 음식을 떠올리니 딱 짬뽕이다.

홍성방은 제주산 홍합과 오징어, 꽃게를 듬뿍 넣고 끓인 시원한 국물에 고춧가루를 팍팍 뿌려 칼칼하게 끓여낸 해물짬뽕으로 동네 사람들과 여행객들에게 모두 인기 있는 식당이다. 향토색이 가득하거나 여느 낡은 중국집과는 달리 나무와 블랙 컬러를 콘셉트로 한 깔끔한 인테리어에 다양한 세계 맥주도 구비되어 있어 세련된 카페에 온 듯 색다른 기분을 느낄 수 있다.

ADD 서귀포시 대정읍 하모항구로 76
TEL 064-794-9555
HOURS 10:00~20:00(브레이크 타임 15:00~17:30)
CLOSED 첫째 · 셋째 주 화요일
PRICE 빨간해물짬뽕 8,000원
PARKING 보유

모슬포 14

이발소집 아들이 돌아왔다

앙카페

ADD 서귀포시 대정읍 하모항구로 75-1
TEL 010-9984-5871
HOURS 09:00~22:00 (일요일 ~20:00)
PRICE 음료 3,000~5,000원
PARKING 없음, 인근에 주차 가능

모슬포에서 가장 이색적인 공간은 본래 이름보다 '해성이용원'이라는 이발소 이름으로 유명한 앙카페다. 이 건물의 원래 주인은 이발사였다. 은빛 가위로 어린아이부터 백발 노인까지 모슬포 남자들의 헤어스타일을 책임지던 그가 은퇴한 후 아들이 물려받아 카페로 리뉴얼했다.

아들은 오랜 프랑스 생활을 마치고 집으로 돌아와 아버지의 직업을 잇는 대신 공간을 이어받았다. '해성이용원' 간판을 그대로 두어 빈티지함을 살리고 내부를 아기자기하게 꾸몄다. 넓지 않은 공간에 들어서면 이발소 시절의 구조가 눈에 훤히 보이는 듯하다. 타일이 있던 자리는 분명 손님의 머리를 감겨주거나 면도를 해주던 자리였을 터. 카페 구석에는 과거 해성이용원의 사진과 미용 가위가 놓여 있어 카페 주인장의 어린 시절에 대한 향수, 아버지에 대한 존경과 사랑이 느껴진다. 또 여행을 좋아하는 주인장의 취향 덕에 여행책과 사진, 그림이 곳곳에 놓여 있어 구경하는 재미가 쏠쏠하다.

모슬포 15

세심하고 따뜻한 게스트하우스

활엽수

ADD 서귀포시 대정읍 상모대서로20번길 44
TEL 010-9074-9589
HOURS 체크인 16:00, 체크아웃 10:30(조식 유료, 전날 21:00까지 신청, 다음 날 08:30 제공)
PRICE 4인실(1인) 25,000원, 1인실 35,000원, 2인실 65,000원, 가족실(4인) 90,000원(조식 포함)
PARKING 보유
WEB blog.naver.com/dab_eee

인디 뮤지션 생각의 여름의 노래 '활엽수'에는 이런 가사가 흐른다.
"그대 한 그루 활엽수여, 그 둥근 잎새 같은 마음으로 나를 안아주오."
제주 모슬포에는 이 가사를 그대로 옮긴 게스트하우스 활엽수가 있다. 본래 이름은 제주 말로 '기분 좋게 따뜻한'이란 뜻의 맨도롱 또똣이었으나 드라마 <맨도롱 또똣> 방영 이후 호스트가 가장 좋아하는 노래 제목으로 이름을 바꿨다.
이곳은 전통 가옥 양식의 피해 갈 수 없는 단점인 웃풍마저 막아주는 따뜻한 인테리어가 돋보인다. 보헤미안풍의 화려한 커튼은 강한 햇빛을 가려 숙면을 도와주고, 러그는 바닥의 찬 기운을 막아주며, 곳곳에 놓인 이국적인 소품은 색다른 분위기를 연출한다. 안채에는 샤워실, 건식 화장실과 세면대, 밝은 조명이 달린 거울이 있는 파우더 룸 등이 갖춰져 있어 여성 여행자들이 특히 좋아할 만한 숙소다.
100년 된 낡은 제주 전통 가옥을 가옥보다 훨씬 젊은 부부가 바닥, 천장, 벽, 어디 하나 놓치지 않고 정성껏 손을 보아 꾸민 이 숙소에는 부부가 각자 제주에서 게스트하우스의 스태프로 일한 경험과 꼼꼼하고 세심한 성격이 더해졌다. 이들이 집을 고쳐나간 과정은 책 <낡은 집에서 살다>에 소개했다. 책을 읽다 보면 함께 집을 만들고 완성해나가는 기분이 들어 뿌듯해진다. 책 머리말에는 이렇게 쓰여 있다.
"느리지만 나태하지 않고, 단순하지만 단조롭지 않고, 조용하지만 적막하지 않고, 재미있지만 시끄럽지 않고, 철학적이지만 어렵지 않은 삶을 위한 공간 만들기."
고급 호텔에서는 절대 느낄 수 없는 사랑과 애정이 느껴지는 곳이다.

+

신비로운 해안 절경

산방산과 용머리해안

ADD 서귀포시 안덕면 사계리
TEL 064-794-2940
HOURS 08:30~18:00(일출·일몰 시간과 기후에 따라 개방 시간이 달라지므로 방문 전에 전화로 확인)
PRICE 산방산 암벽 식물 지대 성인 1,000원, 용머리해안 성인 2,000원, 통합권(산방산+용머리해안) 성인 2,500원
PARKING 보유
ACCESS 고산1리 정류장에서 간선 버스 202-3번 승차 후 산방산 정류장 하차

열여덟 살, 제주도 수학여행에서 기억에 남는 것 중 하나가 바로 처음 마주한 에메랄드빛 제주 바다와 산방산이다. 고개를 잔뜩 뒤로 젖힌 채 우뚝 솟은 산을 쳐다보면서 산 아래에서부터 꼭대기까지 이어지는 가파른 산세에 경악을 금치 못했다. 해발 395m의 산방산은 산이라기보다 거대한 돌덩이처럼 보인다. 주변에 평야와 바다가 펼쳐져 있어 웅장한 풍경을 연출하지만 산마니아들도 선뜻 오르기 어려울 만큼 위협적이기도 하다.

산방산에는 두 가지 전설이 전해 내려온다. 하나는 제주도 창조신인 설문대할망이 한라산을 빚어내던 중 실수로 정상을 치는 바람에 떨어져 나간 것이 산방산이 되었다는 이야기다. 다른 하나는 좀 더 드라마틱하다. 한라산으로 사슴 사냥에 나선 사냥꾼이 겨냥을 잘못해 사슴이 아닌 옥황상제의 엉덩이에 화살이 꽂혔다. 화가 잔뜩 난 옥황상제가 홧김에 한라산 봉우리를 뽑아 던졌는데, 그 봉우리가 산방산이고 뽑힌 자리는 움푹 파여 백록담이 되었다. 실제로 산방산의 높이와 백록담의 깊이가 비슷하다고 한다.

산방산을 둘러보고 나서 해안을 따라 걸으면 용머리해안으로 이어진다. 산방산이 질겁할 정도로 웅장하다면 용머리해안은 저도 모르게 걸음이 옮겨지는 신비로운 풍경이 펼쳐져 있다. 용이 바다로 들어가는 듯한 형상을 한 용머리해안은 약 80만 년 전에 생성된 해식 절벽으로 응회암이 마치 크레이프 케이크처럼 겹겹이 쌓여 있다. 조금씩 색이 다른 바위틈에서 자란 푸릇한 풀

과 쪽빛 하늘, 짙푸른 바다가 더해진 풍경이 이국적이다. 산책로는 바다와 맞닿아 있어 바람이 많이 불거나 파도가 거센 날은 입장이 제한된다. 날씨가 좋은 날에는 해녀들이 갓 잡아 올린 멍게와 해삼, 전복 등을 바로 맛볼 수 있는 좌판도 열린다.

여행 Tip

- 산방산 근처에는 음식점이 많지 않다. 산 아래에는 용머리해안이 바라다보이는 카페 레이지박스가 있어 찾는 이가 많다.
- 산방산 인근에 온천이 있는데 국내에서는 보기 드문 탄산 온천이다.
- 산방산은 봄에 유채꽃 풍경으로 유명하다.
- 용머리해안에는 〈하멜 표류기〉의 하멜이 상륙한 것을 기념하는 배 모양의 하멜 상선 전시관이 있으며 용머리해안 입장권 구매 시 관람 가능하다.
- 용머리해안은 미끄러운 바윗길로 이루어져 있어 슬리퍼 착용은 위험하며, 만조에는 출입이 통제되니 미리 물때를 확인하고 방문하자.

+

제주의 아름다운 7대 건축물

방주교회

ADD 서귀포시 안덕면 산록남로762번길 113
TEL 064-794-0611
HOURS 외관 6~9월 09:00~19:00 10~5월 09:00~18:00 / 본당 화·수·목요일 13:00~16:00, 금·토요일 10:00~12:00
CLOSED 본당 월·일요일
PRICE 무료 PARKING 보유
ACCESS 대정읍사무소 정류장에서 지선 버스 752번 승차 후 상천리 정류장 하차. 이후 도보 10분

성경 이야기는 누구에게나 흥미를 끈다. 아담과 이브, 카인과 아벨, 다윗과 골리앗, 솔로몬의 지혜 등등. 그중 노아의 방주에 관한 이야기는 두렵고도 신비하다. 신이 생명수인 물을 이용해 타락한 세상을 벌하기로 한다. 진실한 믿음을 가진 노아와 그 가족은 이 벌에서 제외되어 새로운 세상을 열라는 계시를 받은 마지막 인류가 된다. 노아는 신의 뜻에 따라 거대한 방주를 만들어 땅과 하늘의 암수 한 쌍씩을 태우고 먹을 것을 챙겨 40일 동안 방주 안에서 기도하며 신의 벌이 끝나기를 기다린다.

제주 서귀포의 숲 한가운데 노아의 방주를 닮은 방주교회가 멀리 남쪽 바다를 향해 있다. 당장이라도 항해를 떠날 것 같기도 하고, 무사히 항해를 마치고 돌아와 정박해 있는 모습 같기도 하다. 지붕은 은빛과 짙은 심해를 닮은 푸른색이 어우러진 모자이크로 장식되어 있는데, 햇빛이 내리쬐는 각도에 따라 마치 인어의 비늘처럼 반짝인다. 건물 주변에는 물이 흐르도록 수로를 만들어 마치 바다 위에 배가 떠 있는 듯한 형상이다. 방주교회는 노아의 방주를 본떠 만든 건축물로 세계적인 건축가 이타미 준이 설계했으며, 2010년 한국건축가협회 대상을 수상했다.

여행 Tip

- 방주교회는 대중교통 이용이 매우 불편한 곳이다. 752번 버스를 이용하면 되는데 배차 간격이 넓으므로 시간이 부족한 여행자라면 콜택시를 이용할 것을 권한다.
- 본당 내부는 촬영이 금지되어 있다. 교회 해설 프로그램과 본당 내부 관람은 교회 신도들의 봉사로 진행된다. 해설을 듣고자 한다면 카페 올리브에 문의하자.
- 방주교회 외 제주도에 있는 이타미 준의 작품으로는 비오토피아 박물관, 포도호텔이 있다.

+

방주교회가 한눈에 보이는 명당 카페

카페 올리브

ADD 서귀포시 안덕면 산록남로762번길 119
TEL 064-792-1988
HOURS 09:00~18:00
PRICE 마크로 주스·영귤 에이드 6,500원
PARKING 보유

신은 노아에게 40일 동안 방주 밖으로 나오지 말라고 했다. 그동안 비가 계속 내려 가장 높은 산까지 집어삼킨다. 40일이 지나자 노아는 까마귀 한 마리를 내보내지만 금세 돌아온다. 육지를 찾지 못한 것이다. 7일 후 까마귀에 이어 비둘기를 내보내도 마찬가지였다. 그러나 신의 약속을 굳게 믿은 노아는 7일 후 다시 비둘기를 날려보낸다. 비둘기는 저녁때가 되어서야 돌아왔는데 부리에 올리브잎을 물고 있었다. 드디어 물이 빠지고 육지가 드러난 것이다. 방주교회 옆에서 운영하는 카페 이름이 올리브인 이유다.
카페 올리브는 커피를 비롯해 제주산 과일로 만든 음료를 만들어내 관광객들과 신도들의 취향을 두루 만족시킨다. 게다가 제주에서 가장 아름다운 건축물로 손꼽히는 방주교회를 감상할 수 있으니 이곳을 방문해야 할 이유가 많다. 카페 내부에는 다양한 커피 그라인더가 전시되어 있다. 그라인더는 로스팅한 커피를 곱게 갈아내는 기구인데 하나하나 모양이 다르고 역사도 깊어 구경하는 재미가 쏠쏠하다. 그 밖에 방주교회를 테마로 한 엽서와 모형, 컵 등 다양한 기념품을 판다.

7

별처럼 빛나는 마을

애 월 읍

AE WOL EUP

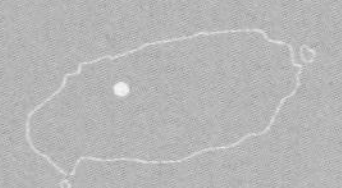

제주공항에서 버스로 20여 분이면 도착하는 애월로 향하는 버스 안은 이제 막 제주에 도착한 여행자들로 가득하다. 여행자들의 얼굴은 소풍 가는 아이들처럼 발갛게 물들어 있다. 알록달록한 애월초등학교 더럭 분교에서 만난 중년의 동창생들은 학창 시절 좋아했던 총각 선생님 이야기를 하면서 단발머리 여고생으로 되돌아간 듯하다. 식사를 하려면 족히 4시간은 기다려야 하는 인기 식당 앞은 놀이공원의 청룡열차처럼 긴 줄이 이어져 있고, 버스 시간에 맞춰 가야 하는 여행객들은 아쉬움을 가득 안고 뒤돌아선다. 잔잔한 에메랄드빛 해변가를 거니는 청춘들은 차가운 바닷물에 화들짝 놀랐다가도 금세 장난기 가득한 표정으로 방심한 친구를 바다의 제물로 삼을 기회를 엿보고 있다.

애월읍은 가수 이효리가 소길리에서 신혼 생활을 시작한 무렵부터 유명해졌다. 또 지드래곤이 해안가에 전망 좋은 카페를 오픈한 후 전 세계의 팬들이 찾아올 정도로 제주에서 인기 있는 명소가 되었다. 우연히라도 연예인을 만날지 모른다는 기대감에 애월읍을 찾은 여행자들은 산타 할아버지를 기다리는 아이들처럼 상기돼 있다.

맑고 잔잔한 제주 서쪽 바다가 밤하늘이라면, 하얀 백사장부터 한라산까지 이어지는 애월읍은 그 밤의 초승달을 꼭 닮았다. 애월읍 여행은 SNS 속 화려한 풍경과는 사뭇 다른 구석이 있다. 대리석 식탁 위 고급스러운 식기에 담긴 요리와 바닷가로 이어지는 세련된 분위기의 테라스는 애월읍의 일부분에 지나지 않는

다. 제주 전통 가옥과 높지 않은 다세대주택, 슬레이트 지붕, 도로 옆에 자리 잡은 노점 트럭, 학교와 약국, 병원, 작은 마트가 있는 동네가 애월읍의 일상적인 모습이다. 동네를 기웃거리며 동백꽃이 예쁘게 떨어져 있는 담장, 청보리피리를 불며 걷기 좋은 산책길, 해 질 녘이면 에메랄드빛 바다로부터 몰려드는 신비로운 하얀 안개, 커다란 반려견과 함께 장난치기 좋은 이름 모를 작은 모래사장 등 애월읍의 소박한 보물을 찾는 재미에 푹 빠져보자.

대중교통

· 보통 제주공항에서 급행 버스 102번이나 간선 버스 202-1번 승차 후 목적지와 가까운 정류장 하차

여행 Tip

- 평상시에는 주차가 무료지만 성수기에는 환경 관리를 위해 약간의 주차료를 받기도 한다.
- 해변 끝의 마을 골목길을 따라가다 보면 '남당암수'라는 용천대가 나온다.

애월읍 01

물이 샘솟는

곽지과물해변

ADD 제주시 애월읍 곽지리
TEL 064-728-8884
HOURS 매년 7~8월 중
PARKING 보유

"제주에서 3일 동안 머물렀는데, 가는 날까지 비가 한 번도 내리지 않았어요."
"어머 세상에, 로또 맞았네요! 날씨 덕에 여행이 더 즐거웠죠?"
우리나라 대표 다우지 제주는 거짓말 좀 보태 하루 걸러 비가 내린다. 그런데 아이러니하게도 제주에서 제일 귀한 것이 물이다. 화산은 제주에 신비롭고 특별한 자연환경을 선물했지만, 구멍이 뻥뻥 뚫린 현무암으로 이루어진 육지에 물을 저장하지 못해 선조들은 물을 모으기 위해 지혜를 짜냈다. 예를 들어 산촌에서는 지붕에서 흘러내리는 물을 모으거나 나무줄기를 이용해 빗물을 받아 쓰기도 했다. 제주의 마을이 대부분 해안가에 모여 있는 이유도 물이 샘솟는 용천대가 해안가 인근에 발달해 있기 때문이다. 애월읍의 곽지리는 대표적인 용천대 지역으로 '과물'이라는 커다란 물통(샘)이 있다. 바로 옆이 해변이고 땅에서는 물이 솟는, 그야말로 물의 정령이 깃든 곳이다. 돌담으로 둘러 귀하게 사용하던 과물의 맨 위쪽은 식수로, 중간은 목욕물로, 아래쪽은 빨래하는 데 사용했다. 식수 조달이 쉬워진 현대에 와서는 노천탕 역할을 하는데, 사용한 물이 곧장 바다로 흘러가기 때문에 오염을 방지하고자 비누를 사용하지 않고 발을 담그는 정도로만 이용한다. 과물 옆 곽지과물해변은 애월읍의 대표 해변으로 파도가 잔잔해 누구나 물놀이를 즐기기에 좋다. 아이를 동반한 여행자들을 위해 설치한 놀이기구가 하얀 백사장과 어우러져 동화 속 마을 같은 이색적인 분위기를 자아낸다.

애월읍 02

학교 종이 땡땡땡 어서 모이자

애월초등학교 더럭 분교

"학교 종이 땡땡땡, 어서 모이자. 선생님이 우리를 기다리신다."

애월초등학교 더럭 분교의 벚나무에는 종이 달려 있다. 동요에서처럼 땡땡땡 학교 종이 울린다. 종을 치는 선생님도, 그 소리를 듣고 모이는 아이들도 맑은 종소리처럼 순수하고 명랑하다.

보통 시골 분교는 학생 수가 적기 때문에 늘 통폐합의 위기에 놓여 있다. 과거 더럭 분교도 총 학생 수가 6명으로 폐교 위기를 맞았다. 이 사태를 그냥 두고 볼 수 없었던 마을 사람들이 모여 주택 임대 사업에 뛰어들었고 다가구 주택을 완공해 이주민을 유입시켰다. 이곳에 입주하려면 다른 지역 거주자여야 하고, 반드시 자녀를 더럭 분교에 입학시켜야 한다는 조건이 붙었다. 곧 이곳은 추첨을 해야 할 정도로 인기를 모아 언론의 주목을 받았고, 2012년 삼성 'HD 슈퍼 아몰레드 컬러 프로젝트'에 선정되어 학교와 학생들이 CF 광고에 등장하면서 일약 제주에서 꼭 가봐야 할 명소로 손꼽히게 되었다.

이 프로젝트로 교실, 급식소, 음수대, 쓰레기 수거장을 비롯한 학교의 모든 낡은 공간과 벽에 무지개색을 덧입혀 새로운 공간으로 재탄생했다. 프로젝트 책임자는 바로 색채지리학의 창시자인 장 필리프 랑클로. 더럭 분교는 그의 손을 거쳐 비가 와도 해가 떠도 눈이 내려도 항상 빨주노초파남보의 무지개가 뜨는 그림 같은 학교가 되었다. 그 덕에 순수한 아이들의 꿈과 희망을 지켜냈을 뿐만 아니라 전학생도 늘어났다고 하니, 컬러의 힘이 실로 놀라울 따름이다.

ADD 제주시 애월읍 하가로 195
TEL 064-799-0515
HOURS 18:00 이후(공휴일 09:00~일몰)
PARKING 없음, 인근에 주차 가능
ACCESS 제주공항에서 급행 버스 102번 승차 후 한림리 정류장 하차, 지선 버스 783-1번이나 783-2번으로 환승해 더럭초등학교 정류장 하차

여행 Tip

- 애월초등학교 더럭 분교는 관광지로 유명하지만 아이들이 실제로 공부하는 학교다. 여행하면서 아이들에게 피해 주는 행동은 삼갈 것.
- 개방 시간이 정해져 있으니 반드시 확인한 후 방문하자.

애월읍 03

제주에서 가장 유명한 해안 산책로

애월한담공원

ADD 제주시 애월읍 애월로 11
PARKING 보유

업무차 방문한 제주에서 정신없이 2박 3일을 보내고 돌아가려는데 떠나는 사람만큼이나 보내는 사람도 아쉬웠나 보다. "공항 가까운 곳에 요즘 제주에서 가장 뜨는 곳이 있어요. 잠깐 들렀다 갈래요?" 제주를 둘러보지 못한 것에 대한 아쉬움보다 새로 맺은 인연과 이별해야 하는 아쉬움이 더 컸기에 선뜻 그녀를 따라나섰다. 그녀가 나를 데려간 곳은 애월한담공원이었다. 소길리에서 사는 가수 이효리가 남편과 종종 산책을 나와 일명 '이효리 산책로'라고 부른다고 한다. 길을 따라 현무암이 놓인 산책로를 걷다 보면 제주 바다가 펼쳐지고 이따금 아주 작은 백사장이 나타난다. 파스텔 톤의 하늘과 에메랄드빛 바다로 이어지는 백사장에서는 반려견을 데리고 나와 물놀이를 즐기는 사람들과 이제 막 걷기 시작한 아이와 함께 나와 피크닉 매트를 펼치고 수다를 떠는 엄마들을 흔히 볼 수 있다. 고작 잠시 걷는 것이 호사인 출장 온 여행객에게는 마냥 부럽기만 한 모습이다.

여행 Tip

- 산책길 끝에는 주인장이 직접 잡아 온 문어로 주문과 동시에 끓여주는 문어라면집과 드라마 〈맨도롱 또똣〉의 촬영지였던 카페가 있어 여행자들로 분주하다.

애월읍 04

뚝할망의 전설이 내려오는

연화못

ADD 제주시 애월읍 하가리
PARKING 보유
ACCESS 제주공항에서 급행 버스 102번 승차 후 한림리 정류장 하차, 지선 버스 783-1번이나 783-2번으로 환승해 더럭초등학교 정류장 하차

제주 설화의 주인공은 언제나 여성이고 이야기의 배경은 척박한 제주 환경이다. 제주에서 가장 큰 연못인 하가리의 연화지와 관련해서도 어려움을 극복한 지혜로운 여인 뚝할망의 이야기가 전해져 내려온다. 왕 이름에 '충'자를 붙이던 원나라 간섭기의 고려. 하가리 마을 한가운데에 무시무시한 산적 떼가 자리를 잡고 본거지로 삼았다. 이들은 샘을 찾아 귀하디귀한 물을 기르러 오는 민초들에게 재물을 빼앗는 것이 주요 임무였다. 무서울 것 없는 산적들은 신임 판관이 순시를 하러 가는 도중 샘을 지나갈 때를 노리고 습격을 준비하고 있었다. 이를 뚝할망이 눈치채고는 관리들과 함께 산적 소탕에 나섰다가 의로운 죽음을 맞이하게 된다. 이후 관아에서는 뚝할망에게 벼슬을 내리고 제신으로 추앙하기에 이른다. 이때 소탕된 산적 떼의 본거지였던 곳이 바로 제주에서 가장 큰 연못인 연화못이다.

연화못에는 여전히 물이 고여 있지만 산적 떼의 흔적은 찾아볼 수 없다. 6월이면 활짝 핀 분홍빛 연꽃이 관광객의 시선을 사로잡아 숨은 명소로 점점 알려지고 있다. 못을 따라 돌담 아래 산책로가 나 있고 연못 한가운데는 팔각정이 자리해 있다.

애월읍 05

두부 마니아를 위한 일본식 레스토랑

신의 한 모

ADD 제주시 애월읍 하귀14길 11-1 TEL 064-712-9642
HOURS 11:30~23:00(브레이크 타임 15:00~17:30) CLOSED 월요일
PRICE 한치게장두부덮밥 15,000원, 아게다시도후(3개) 12,000원
PARKING 보유

과식한 다음 날 밥 대신 먹는 나의 '회개 푸드'는 두부다. 제주 여행 첫 날에도 쉼 없이 먹었다는 죄책감에 다음 날 두부 생각이 간절했는데 일본에서 두부 만드는 법을 배운 주인이 운영하는 레스토랑이 있다는 정보를 입수했다.

신의 한 모는 식전 요리인 콩물부터 두부전, 두부를 이용한 식사류, 두부 디저트, 술안주 메뉴까지 다양한 종류의 두부 요리를 선보인다. 고풍스러운 인테리어에 바다가 보이는 전망 좋은 자리에서 두부 요리를 즐길 수 있는 곳이다. 주문이 들어오면 종업원들이 열정 넘치게 메뉴를 외친 후 음식을 만든다. 가장 인기 있는 메뉴는 한치게장두부덮밥과 아게다시도후. 한치게장두부덮밥은 밥 위에 한치게장, 두부, 날계란, 채소, 김 가루를 올려 내오는데 조금씩 떠서 먹으면 된다. 아게다시도후는 찹쌀 옷을 입혀 튀긴 순두부에 가쓰오부시와 버섯, 쓰유를 베이스로 한 소스를 부어 먹는 요리다. 찹쌀 튀김옷의 쫄깃함과 두부의 부드러움, 달고 짠 맛의 소스가 어우러져 그야말로 '신의 두부 맛'을 선사한다. 기본적으로 3개 세트로 나오는데 낱개로도 주문 가능하다. 제주에서도 채식과 건강식을 포기할 수 없다면 신의 한 모를 추천한다.

애월읍 06

영국보다 맛있는 피시앤칩스

카페 태희

ADD 제주시 애월읍 곽지3길 27
TEL 064-799-5533 HOURS 10:00~20:00
PRICE 피시앤칩스 14,000원
PARKING 보유

카페 태희는 곽지과물해변에서 피시앤칩스로 유명한 맛집이다. 곽지과물해변이 새로운 명소로 뜨기 시작할 무렵부터 영업을 시작해 꾸준한 인기를 얻고 있다. 보슬비가 내리는 곽지과물해변을 바라보고 있자니 옛 런던 여행에서 맛본 피시앤칩스가 떠올랐다. 하루 종일 마을을 잠식하고 있는 습기 때문인지 생선을 튀겨내는 기름 소리가 장맛비가 쏟아지는 소리처럼 청량하게 들린다. 먹기 좋은 크기로 썰어 기름에 튀겨낸 생선과 도톰한 감자의 자태에 군침이 꼴깍 넘어간다. 차가운 반죽과 뜨거운 기름의 온도 차를 이용해 겉은 바삭하게 튀기고, 속은 부드럽게 익혀 식감을 살렸다. 레몬즙으로 상큼함을 더한 생선튀김을 타르타르소스에 찍어 입안에 넣으니 영국에서 먹었던 피시앤칩스보다 훨씬 맛있다. 추억 위에 새로운 추억이 덧입혀지는 맛이다. 느끼함은 맥주 한잔으로 상쇄시키면 그만이다.

애월읍 07

오후엔 프랑스 영화처럼

살롱 드 라방

ADD 제주시 애월읍 하가로 146-9
TEL 070-7797-3708
HOURS 11:00~20:00
CLOSED 토 · 일요일
PRICE 커피 4,500~6,500원, 크림치즈 애플 토핑 팬케이크 12,000원
PARKING 보유

이름부터 프랑스 감성이 물씬 풍기는 카페로 프랑스 국민 배우 드니 라방의 이름에서 따왔다. 카페 콘셉트부터 인테리어까지 세밀하고 예술적이며 자유로운 드니 라방의 성품을 닮았다. 제주로 이주한 가구 만드는 남자와 제주에 사는 여자가 만나 결혼한 뒤 작업실로 사용하던 공간을 단장해 카페로 오픈했다. 내부는 다양한 종류의 나무를 이용해 테이블과 선반을 만들고 과감하게 철재를 사용해 따뜻한 느낌과 차가운 느낌이 공존한다. 철제 구조에 시계, 재봉틀, 드라이플라워 등 빈티지한 소품을 적절히 배치해 세련된 감각을 엿볼 수 있다. 이곳의 대표 메뉴는 군침이 절로 도는 크림치즈 애플 토핑 팬케이크. 주물 팬에 담백하면서도 달달하게 구워낸 팬케이크를 올리고 그 사이에 크림치즈를 바른다. 그런 다음 팬케이크 위에 절인 사과 슬라이스를 올리고 향긋한 로즈메리로 장식한다. 양이 매우 넉넉해 식사 대용으로도 손색없다. 리넨 소재의 테이블 매트에 팬케이크와 음료를 예쁘게 플레이팅해주는 센스에 기분이 좋아지는 곳이다.

애월읍 08

감성을 마셔요

하와유제주

베이킹 소다를 푼 물에 레몬을 퐁당 담그고 손으로 비비니 뽀드득뽀드득 기분 좋은 소리가 들린다. 키위는 과육이 뭉개지지 않도록 적당히 힘을 주어 껍질을 벗겨내고 칼로 자른 뒤 설탕을 넣어 청을 만든다. 제철 과일과 제주의 녹찻잎은 냄비 안에서 잼이나 초콜릿으로 변신한다. 과일 향기에 취해 있는 그때 누군가가 "하와유제주?"라고 묻는다면 "아임 파인애플"이라고 대답해야지.

하와유제주는 매일매일 신선한 재료로 건강한 디저트를 만드는 부지런한 카페다. 과일을 넣어 만든 수제 청 에이드와 차, 노란색 파인애플 잼과 녹음을 그대로 담은 듯한 말차 잼, 그리고 색색의 과일이 들어간 초콜릿을 선보인다. 트로피컬 감성이 가득한 커튼 사이로 햇빛이 들어오는 창가에 앉아 고민한다. 봄기운이 잔뜩 담긴 딸기 초콜릿은 누구한테 선물할까?

ADD 제주시 애월읍 하귀로 85
TEL 064-712-4686
HOURS 10:00~17:00
CLOSED 화·수요일
PRICE 잼 11,000원, 초콜릿 4,500~15,000원, 수제 청 에이드 5,000원
PARKING 보유

애월읍 09

아름다운 중년 부부가 운영하는

521게스트하우스

ADD 제주시 애월읍 중용길 52-1
TEL 010-3725-4692
HOURS 체크인 17:00, 체크아웃 10:00
PRICE 2인 70,000원(조식 포함, 비수기 기준)
PARKING 보유
WEB blog.naver.com/521house

초행길에 어디선가 개 짖는 소리가 우렁차게 들린다. 목줄 풀린 개라도 나타날까 몸을 움츠린 채 잔뜩 긴장하며 걸음을 재촉했다. 골목을 돌아서니 하루 종일 우울하게 만들었던 비구름이 저만치 달아나고, 갖가지 농작물을 심은 밭 너머로 한라산 백록담이 귀한 모습을 드러낸다. 살랑살랑 부는 바람에 유채꽃잎을 따라 시선을 돌리니 521게스트하우스가 보인다. 은퇴한 중년의 남편과 아내가 함께 운영하는 곳이다. 이곳의 주인장은 매일 맛있는 샌드위치를 만들고 커피를 준비해 투숙객들의 아침 식사를 책임질 뿐 아니라 투숙객이 남긴 방명록에 직접 그림으로 답장을 남겨준다. 산등성이를 닮은 멋진 집을 짓고, 햇빛이 가장 잘 드는 자리에 사랑하는 사람과 찍은 사진을 걸어두고, 아이들의 성장을 기록했던 카메라를 소중히 보관하는 노신사의 모습을 보며 나의 중년을 그려본다. 해 질 녘이면 제주 서쪽 바다로부터 슬며시 밤안개가 찾아와 마을을 잠재운다. 안개 때문에 가로등 불빛이 보슬비가 내리는 것처럼 보인다. 바다 냄새를 품은 안개 속으로 들어가 유채꽃 향기를 맡으니 입가에 미소가 번진다. 딱 이 정도의 미소로 늙어가고 싶어라. 조용히 머물다 오고 싶은 여행자에게 추천하는 숙소다.

여행 Tip

· 521게스트하우스의 주소지는 신암리이지만 가까운 버스 정류장은 중암리에 있다.

+

녹차 내음 가득한 제주 다실

오설록 티 뮤지엄

ADD 서귀포시 안덕면 신화역사로 15
TEL 064-794-5312
HOURS 09:00~18:00
PRICE 입장 무료, 녹차 아이스크림 5,000원, 녹차 롤 케이크(1조각) 5,500원 PARKING 보유
ACCESS 제주공항에서 급행 버스 102번 승차 후 한림리 정류장 하차, 지선 버스 783-1번이나 783-2번으로 환승해 동광 환승 센터 하차, 간선 버스 230-3번이나 230-4번으로 환승해 오설록 정류장 하차

아득히 먼 거리에서 보면 청보리밭이 아닐까 싶지만 가까이 갈수록 밀려오는 차향에 기분이 싱그러워지는 곳이다. 이 차밭은 원래 거친 황무지였던 곳으로 면적이 무려 24만 평이나 된다. 넓은 땅을 화장품 회사 아모레퍼시픽에서 사들여 1970년대부터 개간해 차밭을 일구고 2001년에 국내 최초의 차 박물관인 오설록 티 뮤지엄을 개관했다. 박물관에 들어서면 차 문화실이 나온다. 한국 전통차의 역사와 문화를 보여주며 일본, 중국, 유럽 등 동서양의 다양한 다기를 전시해놓았다. 덖음 차 공간에서는 차 시음과 함께 찻잎을 바로 구입할 수 있으며, 티 클래스도 운영한다. 카페는 통유리창으로 되어 있어 드넓은 녹차밭을 감상하기 좋다. 녹차 아이스크림과 롤 케이크가 인기 있지만, 팥으로 제주의 화산 지형을 만들고 그 위에 짙은 녹차를 더해 한라산을 표현한 제주 아일랜드 그린티 메뉴는 보는 것만으로도 특별하다. 유물관과 휴식 공간, 그리고 아름다운 풍광이 더해진 이곳을 세계적인 디자인 건축 전문 사이트 '디자인붐'이 세계 10대 미술관으로 선정하기도 했다.

여행 Tip

• 오설록 티 뮤지엄은 차 박물관을 비롯해 차 문화 체험 공간인 티스톤, 그리고 곶자왈과 제주를 테마로 한 화장품 브랜드 이니스프리 제주하우스 등을 운영한다. 특히 이니스프리 제주하우스에서는 일반 매장에서는 볼 수 없는 스페셜 제품을 판매한다.

+

자연을 벗 삼은 숲속 미술관

제주도립미술관

ADD 제주시 1100로 2894-78
TEL 064-710-4300
HOURS 09:00~18:00
(7~9월 ~20:00)
CLOSED 월요일
PRICE 성인 2,000원, 청소년 1,000원
PARKING 보유
ACCESS 제주공항에서 급행 버스 101번 승차 후 제주시외버스터미널 정류장 하차, 간선 버스 240번으로 환승해 제주도립미술관 입구 정류장 하차

제주시에 위치하지만 산중턱에 자리해 호젓한 분위기를 즐길 수 있는 제주도립미술관. 미술관 주변에 오르막길로 보이는 착시 현상으로 유명한 신비의 도깨비 도로, 제주 자생식물을 보호하고 있는 한라수목원 등이 있어 여행하기 좋은 곳이다. 사실 우선순위로 따지면 주변 관광지에 밀리지만 고요한 시간을 보내고 싶은 여행자에게는 제주도립미술관이 으뜸이다. 국내외를 넘나드는 다양한 전시를 선보이고, 제주를 배경으로 작품 활동을 하는 작가들의 전시가 꾸준히 이어진다. 건물 또한 자연의 색을 그대로 느낄 수 있도록 콘크리트를 노출해 주변 나무와 거울 연못, 조각품과 잘 어우러진다. 제주를 좀 더 깊이 있게 들여다보고 다양한 관점에서 느껴보고 싶은 이라면 더욱 반가울 만한 곳이다. 날씨가 좋은 날이면 미술관을 둘러싼 거울 연못에 건물이 비쳐 마치 사진 작품을 보는 듯하다. 지저귀는 새소리를 들으며 벤치에 앉아 준비해 간 간식을 먹으면서 여유로운 시간을 보내자.

+

쌀집의 아기자기한 변신

쌀다방

ADD 제주시 관덕로4길 7
TEL 010-8442-9160
HOURS 11:00~22:00
CLOSED 비정기적
PRICE 아삼 밀크티 6,000원, 쌀다방 라테 5,000원, 아메리카노 4,000원
PARKING 없음, 인근에 주차 가능

제주도립미술관을 둘러보고 도심으로 돌아오니 부슬비가 내리기 시작했다. 부슬부슬 비가 내리는 오후에 따뜻한 차 한잔 마시면서 책을 읽어본 게 언제였는지. 오랜만에 비 오는 오후의 분위기를 한껏 즐겨야겠다.

제주향교와 관덕정 인근의 상가와 주택이 늘어선 골목에 쌀다방이 있다. 입구에 '쌀'이라고 크게 적힌 전광판에 눈에 띈다. 'Coffee'라고 적힌 글자가 아니었다면 쌀가게로 착각하기 충분하다. 실내는 짙은 나무색 테이블이 놓여 있고 화분이 가득해 싱그러운 분위기다. 한쪽에서는 빈티지한 인테리어 소품, 그릇과 커트러리, 액세서리 등을 판다. 이곳은 과거 쌀집이었다고 한다. 분명 동네 사람들이 쌀을 사러 오거나 그저 지나가다 들러 수다를 떨었을 터다. 카페로 바뀌고 나서도 동네에 사는 작가는 자신이 키우는 강아지를 잠시 맡겨두고 외출하기도 하고, 해외여행을 다녀온 할아버지는 짧은 여행 소감을 전하고 가기도 하는 등 여전히 동네 사랑방 역할을 하고 있다. 동네 사람들의 곰살궂은 일상에서 푸근함이 느껴지는 곳이다.

+

제주 소풍에는 전복김밥

제주김만복

ADD 제주시 북성로 65
TEL 064-759-8582
HOURS 09:00~20:00
PRICE 만복이네김밥 5,500원, 통전복주먹밥 5,000원, 오징어무침 4,500원
PARKING 없음, 인근 공영 주차장에 주차 가능

전복 하나를 넣고 둥글게 만 통전복주먹밥, 달달한 달걀 지단과 전복 내장을 넣어 만든 네모난 만복이네김밥, 그리고 매콤달콤한 오징어무침으로 줄 서는 맛집으로 등극한 곳이다. 싱싱한 참전복, 30년 전통의 참기름, 도정한 지 15일 미만의 쌀, 제주 무에 귤청으로 절인 단무지, 3개월 이상 숙성시킨 맛간장으로 만든 김밥을 선보인다. 고소한 전복 내장을 넣고 볶은 밥에 버터에 구운 쫄깃한 전복을 더한 주먹밥은 여행으로 지쳤을 때 보약보다 알찬 한 끼를 제공한다. 인기에 힘입어 여러 곳에 지점이 생겼다.

제주 대중교통 이용법

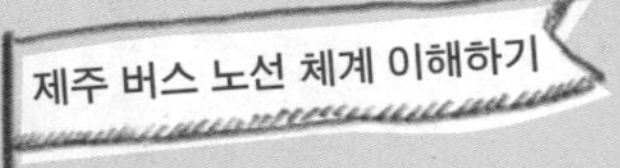

2017년 8월 26일부터 제주 버스 노선이 변경된다. 이전에 비해 제주 전 지역을 더욱 빠르게 이동하며, 요금도 1회 탑승 시 거리에 상관없이 현금 1,200원(버스 카드 1,150원)이다. 또한 버스로 가기 힘들었던 대표 관광지 중 비자림, 용눈이오름, 오설록 티 뮤지엄 등이 새로운 버스 노선 편성에 포함되었다.

급행 버스(붉은색) 제주공항에서 출발해 주요 정류장에 정차하는 버스로, 1시간 이내에 제주 곳곳으로 이동 가능하다.

간선 버스(파란색) 변경되기 전 시외버스 노선과 비슷한 노선을 운행하며, 급행 버스가 서지 않는 정류장에도 정차한다. 급행 버스와 함께 이용하는 것이 효율적이다.

지선 버스(초록색) 마을버스로, 간선 버스가 운행하지 않는 마을 곳곳에 정차한다. 여행객보다 주민들이 주로 이용하는 버스다.

관광버스(노란색) 제주의 대표적인 관광지를 다니는 노선을 운행하는 투어 버스다.

주요 버스 노선

동일주 노선
제주 섬 동쪽 외곽을 도는 노선. 월정리, 김녕해수욕장, 평대리, 세화리, 하도리, 종달리, 성산일출봉 등을 가기 좋다.

서일주 노선
제주 섬 서쪽 외곽을 도는 노선. 곽지과물해변, 금능해수욕장, 애월한담길, 한림공원 등을 가기 좋다.

중문고속 노선
섬 외곽을 도는 동일주 · 서일주 노선과 달리 섬 내부를 다니는 노선. 제주시와 서귀포시를 가장 빠르게 이동할 수 있다.

남조로 · 번영로 노선
중산간 일대를 다니는 노선. 남조로 노선은 에코랜드, 돌문화공원 등을 거쳐 위미리로 가기 좋고, 번영로 노선은 사려니숲길, 산굼부리 등을 가기 좋다.

평화로 노선
제주시와 모슬포를 잇는 노선.

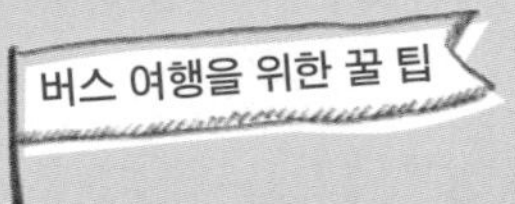

애플리케이션 활용하기

제주를 버스로 여행할 때는 스마트폰 애플리케이션 '제주 버스'를 적극 활용하는 것이 좋다. 버스가 언제쯤 오는지 실시간으로 노선 정보를 확인할 수 있어 마냥 기다려야 하는 불편함을 겪지 않아도 된다. 또 버스 노선 개편 후 모든 버스 내에서 무료 와이파이가 가능해 언제라도 노선 정보를 체크할 수 있다.

버스가 오기 10분 전 정류장에서 대기하기

제주 버스의 장점은 버스 도착 시간이 비교적 정확하다는 것이다. 그래도 유비무환의 자세는 필요하다. 10분 전에 정류장에 도착해 버스를 기다리는 것이 안전하다.

환승은 필수

제주 버스 여행에서 환승은 필수다. 하차 시에는 버스 카드 단말기에 카드를 꼭 찍을 것. 주요 환승 센터와 급행 버스 정류장을 기억해뒀다가 간선 버스와 함께 이용하면 시간을 효율적으로 사용할 수 있다. 환승 혜택이 가능한 시간은 30분에서 40분으로 10분 늘어났다.

무거운 짐은 버스 짐칸이나 짐 옮김이 서비스 이용하기

버스마다 상황이 조금씩 다르지만 부피가 큰 가방은 버스 짐칸을 이용하자. 버스를 탈 때나 내릴 때 버스 운전기사에게 말하면 짐칸을 열어준다. 큰 짐을 끌고 이동할 자신이 없다면 미리 '신딜리버리', '가방을부탁해' 등 짐 옮김이 서비스를 신청할 것. 공항에서 숙소로, 이전 숙소에서 다음 숙소로, 숙소에서 공항으로 짐을 픽업해 목적지까지 안전하게 옮겨준다. 가격은 가방 크기에 따라 10,000~20,000원 정도.

신딜리버리 *TEL* 1899-9168
가방을부탁해 *TEL* 064-772-2999 *KAKAOTALK ID* 가방을부탁해

Index

관광

식당

카페 · 디저트

숍

숙소

Volume 02

제주 마실

2017년 8월 11일 초판 1쇄 인쇄
2017년 8월 28일 초판 1쇄 발행

지은이 | 김주미
발행인 | 이원주
책임편집 | 손모아
마케팅 | 이재성 조아라

발행처 | (주)시공사
출판등록 | 1989년 5월 10일(제3-248호)

주소 | 서울시 서초구 사임당로 82(우편번호 06641)
전화 | 편집 (02)2046-2863 · 영업 (02)2046-2800
팩스 | 편집 (02)585-1755 · 영업 (02)588-0835
홈페이지 | www.sigongsa.com

ISBN 978-89-527-7900-7 14980

제 주
마 실

제 주
마 실

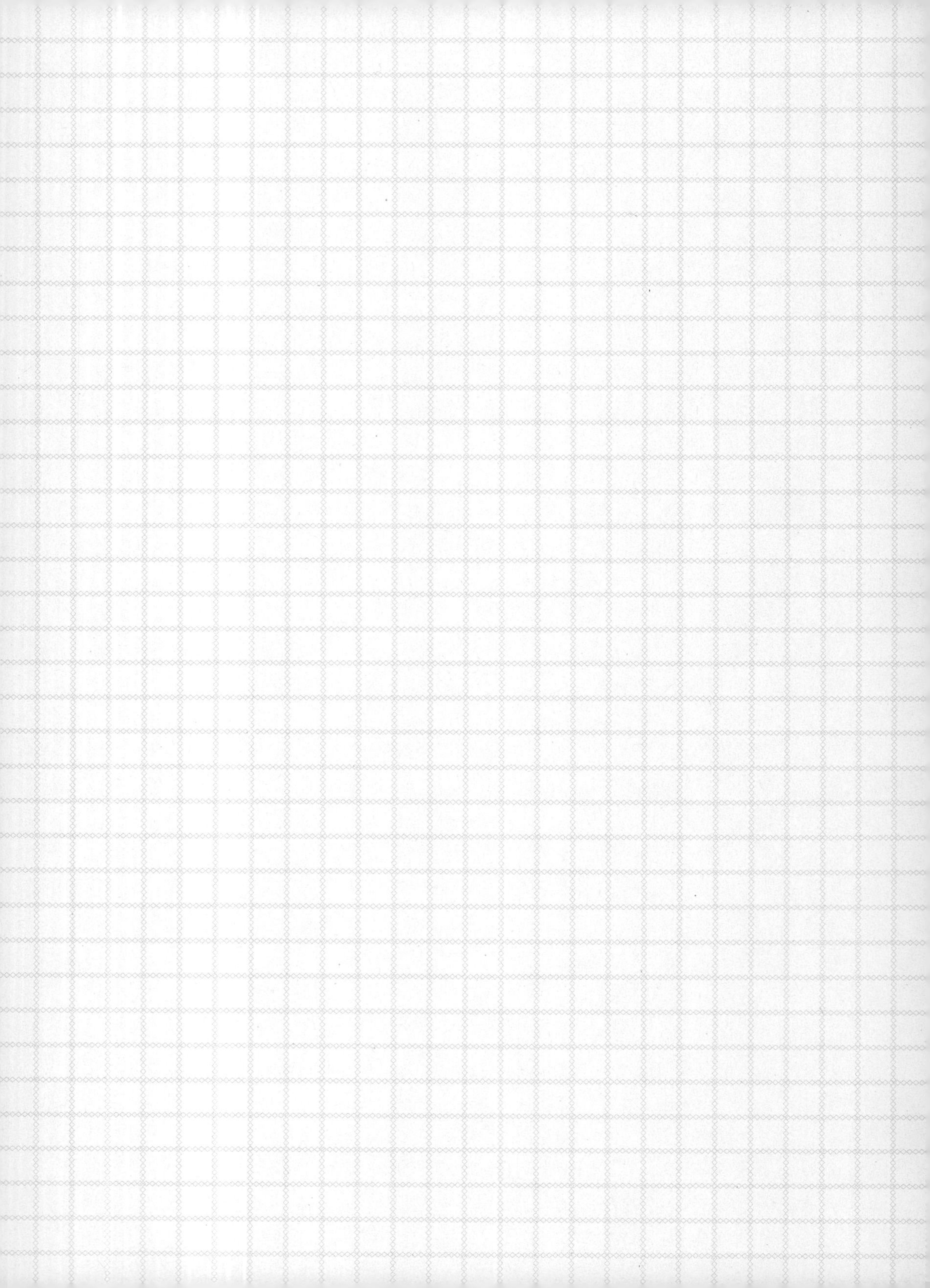